经济法基础与案例分析

主 编：孙云霞

副主编：李金磊 刘海峰

南开大学出版社

天 津

图书在版编目(CIP)数据

经济法基础与案例分析 / 孙云霞主编. —天津：南开大学出版社，2017.7

ISBN 978-7-310-05399-5

Ⅰ. ①经… Ⅱ. ①孙… Ⅲ. ①经济法—案例—中国—教材 Ⅳ. ①D922.290.5

中国版本图书馆 CIP 数据核字(2017)第 148369 号

南开大学出版社出版发行

出版人:刘立松

地址:天津市南开区卫津路 94 号 邮政编码:300071

营销部电话:(022)23508339 23500755

营销部传真:(022)23508542 邮购部电话:(022)60266518

*

天津市蓟县宏图印务有限公司印刷

全国各地新华书店经销

*

2017 年 7 月第 1 版 2017 年 7 月第 1 次印刷

260×185 毫米 16 开本 10.5 印张 255 千字

定价:30.00 元

如遇图书印装质量问题,请与本社营销部联系调换,电话:(022)23507125

前　言

“经济法”既是法学专业主干课，又是财经管理类专业的专业基础课。尽管二者名称相同，但内涵有所不同。作为法学专业主干课之一的经济法是法学专业的一个部门法学，其内容范围有相对严格的限制；而财经管理类专业开设的经济法，其内容则是与经济有关的法，范围较宽泛。本书可以作为非法学专业学生使用的教材，一方面要使学生学习必要的与经济有关的法律知识，能够运用所学经济法知识解决财经管理业务实践中的法律问题，完善其知识结构体系；另一方面要使学生得到必要的法治教育，能够养成法治意识，培育法律思维能力，懂得用法律维护自己的合法权益，并在法律允许的范围内从事生产和生活实践活动，以满足法治社会对公民素质的基本要求。

尽管财经管理类经济法教材种类繁多，但法律是一个实时变化的动态体系，尤其是随着经济的快速发展，最近几年许许多多与经济有关的立法不断做出了修改和完善。《中华人民共和国公司法》《中华人民共和国产品质量法》《中华人民共和国消费者权益保护法》《中华人民共和国劳动法》《中华人民共和国反不正当竞争法》等法律的修订，各司法解释的制定，对原有经济法律进行了很多修改和变动，因此不断地修改经济法教材或者出版新的经济法教材就成了形势所需。在此背景下，本书编者在天津大学仁爱学院支持骨干教师发展的政策鼓励下，以多年为财经管理类专业学生讲授经济法的经验为基础编写了本书。

本教程内容主要包括经济法基本理论及基本财产权利体系，包括物权法和工业产权法；经济主体法制度，包括公司法、合伙企业法和企业破产法；市场运营法制度，包括合同法、竞争法、消费者权益保护法、产品质量法和劳动法；经济纠纷解决程序法，包括民事诉讼法和仲裁法。本书编写人员为天津大学仁爱学院法学专业教师。孙云霞负责编写公司法、合伙企业法、企业破产法、竞争法、消费者权益保护法、产品质量法相关章节；李金磊负责编写经济法基本理论、合同法、劳动法相关章节；刘海峰负责编写物权法、专利法、商标法、经济司法与经济仲裁相关章节。编者在编写本教材过程中，借鉴了以往学者和编者们在经济法领域的成就，将我们在授课过程中的经验加入教材的编写，力争用最新的法律和最有代表性的案例贯穿教材始终，基本知识点力争简洁准确。

本书既可作为高等院校本科生普及经济法的教材，又能作为法律工作者及其他各行各业不同层次社会人员自学的参考书。

尽管我们在编写教材过程中不敢有丝毫懈怠，但由于研究领域以及占有材料的局限性，书中难免出现疏漏，在使用过程中如有读者发现不妥之处，请不吝指正，以便我们更好地完善教材。

编者

2017 年 5 月

目　录

第一章　经济法基本理论

第一节　经济法概述

一、经济法的概念

经济法是调整国家干预经济关系的法律规范的总称。经济法的概念包括两层含义：一是经济法的调整对象是国家干预的经济关系，是国家在经济管理和协调发展经济活动中与相对人形成的关系；二是经济法是由众多法律规范组成的，经济法的法律规范是由调整经济关系的各个方面的单行法律、法规、规章、判例，甚至是国家在某个领域的经济、社会政策构成的。

二、经济法的特征

（一）综合性

经济法的综合性表明其调整范围、调整手段的广泛性，而不限于单一的方面，主要表现为：在调整手段上，经济法将各种法律调整手段有机地结合起来对经济关系进行综合调整，这主要表现在经济法不但运用民事、行政、刑事手段，而且还运用专业及技术等手段作用于某一经济领域，以达到维护社会经济秩序的目的；在调整范围上，经济法调整的内容既包括宏观经济领域的干预和调控关系，也包括微观经济领域的协作和管理关系。

（二）经济性

经济法的经济性的重要表现是经济法往往把经济制度、经济活动的内容和要求直接规定为法律。此外，经济法反映了经济活动的基本经济规律，受经济基础的决定和制约，并服务于经济基础。任何经济法律规范都不是立法者按照自己的主观意志随意编造的，而是取决于客观经济规律和客观经济形势的需要。

（三）行政主导性

经济法是国家管理、干预经济活动，参与经济关系的产物。因此，经济法在调整经济关系的过程中直接体现了国家的特殊意志。作为国家特殊意志在法律上的反映，经济法更浓重地体现了法的强制性、授权性、指导性色彩。

三、经济法调整对象

（一）宏观经济管理关系

宏观经济管理关系是指国家组织领导与管理国民经济所形成的经济关系。宏观管理经济关系一般包括国家在计划与产业政策的制定和实施，经济预算及其投资引导，税收，金融，物价调节，土地利用规划，标准化管理等活动中所产生的经济关系。

（二）微观经济协调关系

微观经济协调关系是指国家对具体经济组织的商事活动的监督和管理所形成的经济关系。微观经济协调关系一般包括国家在税收征管、金融证券监管、贸易管制、物价监督、商事主体管理、交易秩序管理等活动中产生的经济关系。

（三）维护公平竞争关系

维护公平竞争是指国家为了维持市场经济的正常运行和保持其活力，采取相应的措施维护、促进或限制竞争的过程中形成的社会经济关系。垄断和不正当竞争是妨碍市场经济发展的大敌，这就必须通过经济法规对市场经济关系加以协调，以完善市场规则，有效反对垄断，制止不正当竞争，维护市场公平、自由竞争的经济秩序。

（四）经济组织内部经济关系

这主要是指以企业为主的各类经济组织自身在组织经济活动中发生的各种内部经济管理关系，包括公司及其他各类企业组织机构的设置、企业及其他用人单位在劳动用工活动中所发生的经济关系。

第二节　经济法律关系

引例：

甲国有企业将某项生产任务承包给其内部的乙车间来完成，双方为此签订了承包责任书，约定乙车间可以使用甲企业的机器设备及原材料，但必须在规定期限内完成该项生产任务等事宜。

请问在甲国有企业与乙车间之间是否形成了经济法律关系？

案例解析：

在甲国有企业与乙车间之间已形成了经济法律关系。甲国有企业与乙车间是该经济法律关系的主体。使用企业的机器设备及原材料是乙车间的经济权利，与之对应，提供机器设备及原材料是甲国有企业的经济义务；必须在规定期限内完成该项生产任务是乙车间的经济义务，与之对应，获得该项生产任务的成果是甲国有企业的经济权利，这些经济权利与经济义务共同构成双方经济法律关系的内容。而经济法主体权利和义务指向对象之一的生产成果，即为该经济法律关系的客体。

一、经济法律关系

经济法律关系是指经济法律关系的主体，在参加体现国家干预经济的经济活动中所形成的经济职权和经济职责，以及经济权利和经济义务关系。换句话说，经济法律关系是指法律主体依据经济法律规范的规定，在特定经济活动中形成的权利义务关系，包括以下特点：

（一）经济法律关系是在经济领域发生的意志关系。这一关系体现的是国家意志和当事人意志，国家意志最终是靠当事人的意志来实现调整经济关系的目的。没有当事人意志，经济法律关系既不能形成，也不可能实现。

（二）经济法律关系由经济法律规范所确认，并受经济法律规范的保护。经济法律规范所调整的特定的经济关系经过经济法律规范的调整，上升为经济法律规范所保护的权利义务关系。经济法律关系的产生是国家经济法律规范手段干预经济活动的必然反映，是国家干预经济关系为经济法律规范所确认的产物。经济法律关系的权利义务一旦形成，即受国家强制力保护，任何一方当事人都不得违背。

（三）经济法律关系产生于特定的经济活动中。经济法律关系产生的特定经济活动包括市场秩序规制活动、宏观调控和维护可持续发展活动以及社会保障活动等。

二、经济法律关系构成要素

经济法律关系的构成要素是经济法关系不可缺少的组成部分，任何法律关系的构成都必须同时具有主体、客体、内容三个部分，并且缺一不可，其中任何一项内容发生变更，都可能会引起经济法律关系的变更。

（一）主体

经济法律关系的主体是指有资格参加经济法律关系、依法享有经济权利和承担经济义务的当事人，主要包括国家、国家机关、自然人、法人和其他组织。

1. 国家和国家机关。中华人民共和国是国家财产所有权的唯一主体，但是国家参与经济法律关系的范围有限，只有在国家发行国债等特殊情况下才真正成为经济法律关系的主体。国家机关是行使国家职能的各种机关的总称，它主要包括国家权力机关、行政机关、司法机关等。作为经济法律关系主体的国家机关，主要是国家行政机关中的经济管理机关。

2. 自然人是指基于自然生理规律出生而享有法律人格的人，是相对于法律上的人格的法人的称谓。作为民事主体的自然人必须具有民事权利能力和民事行为能力。

（1）民事权利能力，是指法律赋予民事主体享有民事权利和承担民事义务的资格，它是民事主体参加民事活动的前提条件。自然人的民事权利能力是普遍的，人人皆享有权利能力，不分男女、种族、阶级、财富、宗教等，仅凭其自然出生的事实就取得民事权利能力。

根据《中华人民共和国民法总则》（以下简称《民法总则》）第 13 条的规定，自然人从出生时起到死亡时止，具有民事权利能力，依法享有民事权利，承担民事义务。一般认为，出生应当按照当代医学公认的标准，即胎儿完全脱离母体，独立存在并能自主呼吸。而自然人死亡，通说认为是人的生活机能的绝对终止，一般以呼吸及心脏鼓动的停止时间为死亡时间。在实践中，应遵医学上的死亡确定为标准，以死亡证书上记载的时间为准，如果死亡证书上记载的时间与自然人死亡的真实时间有误差，以查明的实际死亡时间为准。

（2）民事行为能力，是指民事主体能够以自己的行为进行民事活动，取得民事权利和承担民事义务的资格。民事行为能力不仅是实施法律行为的能力，也包括对违法行为承担责任的能力。自然人的民事行为能力不是与生俱来的，根据自然人的年龄和智力发育的不同阶段和其他有关情况，我国法律将自然人的民事行为能力分为完全民事行为能力、限制民事行为能力和无民事行为能力三种。

第一，完全民事行为能力人。18 周岁以上的成年人为完全民事行为能力人，可以独立实施民事法律行为。16 周岁以上的未成年人，以自己的劳动收入为主要生活来源的，视为完全民事行为能力人。

第二，限制民事行为能力人。8 周岁以上的未成年人为限制民事行为能力人，实施民事法律行为由其法定代理人代理或者经其法定代理人同意、追认，但是可以独立实施纯获利益的民事法律行为或者与其年龄、智力相适应的民事法律行为。

第三，无民事行为能力人。不满8周岁的未成年人或不能辨认自己行为的成年人为无民事行为能力人，由其法定代理人代理实施民事法律行为。

3. 法人是指具有民事权利能力和民事行为能力，依法独立享有民事权利和承担民事义务的组织。法人是社会组织在法律上的人格化，它同自然人一样可以参加民事活动，享有民事权利，承担民事义务。其特征表现为：

第一，法人是一种独立的组织体。它可以是社团也可以是财团，可以是机关也可以是企业，但是必须有稳定的、独立的组织机构。

第二，法人须有独立的财产。所谓独立财产，是指法人必须拥有归其所有、由其支配的财产。这些财产应当与国家财产、他人财产、成员的财产严格分离。拥有独立财产是社会组织作为法人的必要条件。

第三，法人具有独立的人格。其独立人格的具体表现为：能够以自己的名义独立参加民事活动，独立享有权利、承担义务；可以自主决定自己的民事活动，支配自己的民事行为；法人具有与其成员不完全相同的独立利益要求。

4. 非法人组织是指不具有法人资格但可以自己的名义进行经济活动的组织。非法人组织也存在设立程序、机构设置、议事规则等事项，但更多的是由组织成员自己决定。主要包括个人独资企业和合伙企业等。

（二）客体

经济法律关系的客体是指经济法律关系的主体享有权利和承担义务所共同指向的对象。客体是确立权利义务关系性质和具体内容的依据，也是确定权利行使与否和义务是否履行的客观标准。经济法律关系的客体十分广泛，概括起来。可分为以下几类：

1. 物。这里所讲的物不是自然科学意义上的物，而是法律上所称之物，即指存在于人体之外，能为人所实际控制或支配的具有一定经济价值的有体物或自然力。从法的角度来看，物也可作多种划分，如动产和不动产、流通物和限制流通物、特定物和种类物、有主物和无主物、主物和从物等。

2. 行为。行为是指经济法律关系的主体为达到一定的经济目的所进行的行为。它包括经济管理行为、完成一定工作的行为和提供一定劳务的行为。经济管理行为是指经济法律关系的主体行使经济管理权或经营管理权所指向的行为，如经济决策行为、经济命令行为、审查批准行为以及经济监督检查行为等。完成一定工作的行为是指经济法律关系的主体一方利用自己的资金和技术设备为对方完成一定的工作任务，而对方根据完成工作的数量和质量支付一定报酬的行为。提供一定劳务的行为是指为对方提供一定劳务或服务满足对方需求，而对方支付一定酬金的行为。

3. 智力成果。智力成果又称知识产品，是指人们通过创造性劳动创造的、具有一定表现形式的成果，它是文学艺术和科学作品、发明、实用新型、外观设计、商标以及其他创造性劳动成果的统称。随着社会进步和科学技术发展，智力成果在社会财富中将日显重要，其成为经济法律关系的客体也就是一种必然。智力成果要求具有创造性、非物质性和公开性。

4. 有价证券是指设定并证明持券人有权取得一定财产权利的书面凭证，具有以下特征：

（1）有价证券与证券上所记载的财产权利不能分离。有价证券需由支付人依法定程序做成证券并交付持券人，持券人行使有价证券所载的权利提示并交付证券。权利人一旦丧失证券，就不能行使证券上的权利。

（2）有价证券的债务人是特定的，即证券的权利人只能向证券上记载的债务人请求实现债权。有价证券的债权人可因证券的转让而发生变更，持券人的合法更换不影响债务人对债务的履行。

（3）有价证券的债务人的支付是单方义务，债务人不得请求权利人支付相应对价。债务人一旦履行了证券上规定的支付义务，就可收回有价证券，以消灭债权债务关系。

（三）内容

经济法律关系的内容是指经济法律关系主体享有的权利和承担的义务。这是经济法律关系的核心，直接体现了经济法律关系主体的利益和要求。没有权利和义务的经济法律关系是不存在的。

三、法律事实

法律事实是指法律规范所规定的，能够引起法律关系产生、变更和消灭的客观现象。根据不同的标准，法律事实可分为：

（一）事件。这是指与当事人意志无关，但能够引起法律关系发生、变更和消灭的客观情况，主要包括：人的出生与死亡、自然灾害与意外事件、时间的经过等。

（二）行为。这是指法律关系主体的活动。

1. 以是否合法为标准，行为可分为合法行为和违法行为两类，违法行为包括侵权行为和债务不履行行为。

2. 根据其是否属于表意行为，又可分为法律行为和事实行为。法律行为是指以行为人的意思表示为要素的行为。事实行为是指行为人没有产生一定法律后果的意思表示，根据法律规定发生一定的法律后果的行为，如拾得遗失物、无因管理等。

第三节　法律行为

引例：

张某委托小刘帮自己买一辆合适的旧摩托车。几天后，小刘以7000元的价格买来一辆嘉陵摩托车给张某，但车太旧，公里数太高，最多值4000元。后张某经打听，得知小刘给其买的摩托车是小刘的小舅子早就想卖的，俩人一起做手脚陷害张某。张某要小刘将车退掉，但小刘以生意已成交且其小舅子不同意退为由加以拒绝。

请问张某的损失应该由谁来承担？为什么？

案例解析：

应该由小刘和他的小舅子共同承担民事责任。因为滥用代理权属于无效民事法律行为，造成损失的，应由代理人和第三人负连带责任，赔偿被代理人所受损失。本案小刘的行为属于代理人和第三人恶意串通，滥用代理权。

一、法律行为的概念和特征

法律行为本是一个民法上的概念，但现在被广泛用于法理学和其他法律学科，并被赋予不同的含义。这里所述的法律行为主要是指民事法律行为，即以意思表示为要素，设立、变更或终止权利义务关系的合法行为。其主要特征为：

（一）法律行为以意思表示为要素。意思表示是指行为人将进行法律行为，以达到某种预期法律后果的内在意思表示于外的行为。行为人表现于外的意思应是其内在意思的真实反映，否则表明该意思表示有瑕疵，该法律行为原则上不能生效。意思表示是法律行为的核心。

（二）法律行为以设立、变更或终止权利义务为目的。这一特征表明行为人意图达到的法律效果，即设立、变更或终止权利义务关系。这也是衡量法律行为法律效果的基本依据，如侵权行为往往会导致一定的法律后果，却是与行为人的预期目的相悖的。

（三）法律行为是一种合法行为。这表明法律行为只有在内容和形式上符合法律的要求或者不违背法律的规定，才能得到法律的承认和保护，才能产生行为人预期的法律后果。否则，该行为不仅不会产生行为人预期的法律后果，还可能会受到法律的制裁。

二、法律行为的分类

（一）单方法律行为和多方法律行为

单方法律行为是根据一方当事人的意思表示而成立的法律行为，如委托代理的撤销、债务的免除等；多方法律行为是两个以上当事人意思表示一致而成立的法律行为，如合同、决议等。

（二）有偿法律行为和无偿法律行为

有偿法律行为是指当事人互为给付一定代价包括金钱、财产、劳务的法律行为。无偿法律行为是指一方当事人承担给付一定代价的义务，而他方当事人不承担相应给付义务的法律行为，如赠与行为、无偿委托、无偿消费借贷等。

（三）要式法律行为和不要式法律行为

要式法律行为是指法律规定必须采取一定的形式或者履行一定的程序才能成立的法律行为，如票据行为；不要式法律行为是指法律不要求采取一定的形式，当事人自由选择一种形式即可成立的法律行为，该类法律行为的形式可由当事人协商确定。

三、法律行为的生效

法律行为的生效是指法律行为足以引起权利义务的设立、变更、终止的法律效力。法律行为的成立是法律行为生效的前提，但是已经成立的法律行为不一定必然发生法律效力，只有具备一定有效要件的法律行为，才能产生预期的法律效果。

法律行为生效要件分为实质生效要件和形式生效要件。

（一）法律行为的实质生效要件

1. 行为人具有相应的民事行为能力。只有具有相应的民事行为能力的人才能进行民事法律行为。对于自然人而言，完全民事行为能力人在其权利能力范围内，具有相应的行为能力；限制民事行为能力人只能进行与其能力相当的法律行为；无民事行为能力人进行的行为不具有法律效力。对于法人来说，其权利能力范围一般以核准登记的生产经营和业务范围为准，法人具有与其权利能力范围相适应的行为能力，在此范围内进行的法律行为方为有效。

2. 意思表示真实。这是指当事人在自愿的基础上做出的与其内心的真实意愿相一致的意思表示。如果行为人的意思表示是基于被胁迫、被欺诈的原因而做出的，或者基于某种错误认识而做出的，则不能反映行为人的真实意志。

3. 不违反法律或社会公共利益。不违反法律是指意思表示的内容不得与法律的强制性或禁止性规范相抵触，也不得滥用法律的授权性或任意性规定达到规避法律强制性规范的目的。不违反社会公共利益是指法律行为在目的上和效果上不得有损社会经济秩序、社会公共秩序和社会公德。

（二）法律行为的形式生效要件

这是指行为人的意思表示的形式必须符合法律的规定。如果行为人进行某项特定的法律行为时，未能采用法律规定的特定形式，则不能产生法律效力。一些法律行为需要书面形式方为有效，还有一些法律行为有公证、审批、登记、公告等特殊要求。

四、无效的民事行为

无效的民事行为是指因欠缺法律行为的生效要件，不发生当事人预期法律后果的民事行为，无效的民事行为自始无效、当然无效、确定无效。无效的民事行为主要分为以下几类：

（一）无民事行为能力人实施的民事行为

无民事行为能力人不能正确认识其行为的法律意义，依法不能独立进行民事活动，只能由其法定代理人代理。因此无民事行为能力人实施的民事行为，因主体不适格而无效。《民法总则》第 144 条规定，无民事行为能力人实施的民事行为无效。

（二）虚假行为

虚假行为，又称伪装行为，是指行为人与相对人通谋而为虚假的意思表示。虚假行为的特点是双方当事人进行通谋，通常具有不良动机，因而在主观上是共同故意，在意思表示上是双方的不真实，其法律后果无效，不具有虚假表示的行为所应当发生的法律效力。

（三）违反法律、行政法规的强制性规定的民事行为

《民法总则》第 7 条把民事主体从事民事活动不得违反法律、不得违背公序良俗作为民法的基本原则。同时在第 143 条规定，民事法律行为的生效要件，其中包括不得违反法律和行政法规的强制性规定。违反法律、行政法规的法律行为，是指当事人在订约目的、具体内容以及形式上都违反法律和行政法规的强制性规定的民事法律行为。在法律规范中，有不得、禁止内容的，都属于强制性规定，违反这样的强制性规定的民事行为就是无效的，不论当事人在主观上是故意所为还是过失所致。

（四）违背公序良俗的民事行为

所谓公序良俗实际上是以一般的道德为核心的，民事主体在进行非交易性质的民事行为时，应当尊重公共秩序和善良风俗，并将这一原则作为基本准则。如果违反公序良俗原则，法律强制认定这种民事行为是无效的。这正是《民法总则》第 153 条确认违背公序良俗的民事行为无效的法律基础。

（五）行为人与相对人恶意串通，损害他人合法权益的民事行为

恶意串通是当事人为实现某种目的，进行串通，共同订立民事行为，造成国家、集体或者第三人利益损害的违法行为。恶意串通的构成要件要求：当事人在主观上具有恶意；当事人之间互相串通；双方当事人串通实施的行为损害他人的合法权益。根据《民法总则》第 154 条的规定，恶意串通订立的民事法律行为是绝对无效的民事法律行为。

五、可撤销的民事行为

可撤销的民事行为是指依照法律规定，由于行为人的意思与表示不一致或者意思表示不自由，导致非真实的意思表示，可由当事人请求人民法院或者仲裁机构予以撤销的民事行为。主要分为以下四类：

（一）基于重大误解实施的民事行为

重大误解是指一方当事人由于自己的过错，对法律行为的内容等发生误解，由此订立的法律行为，该法律行为所涉及的利益对当事人而言甚为重大。当事人由于重大误解而实施的民事行为。

根据《民法总则》第 147 条的规定，基于重大误解实施的民事法律行为，行为人有权请求人民法院或者仲裁机构予以撤销。其中“有权”二字表明撤销权是行为人享有，他可以行使这个权利，也可以不行使这个权利。如果行为人不行使撤销权，不请求对该民事行为予以撤销，该重大误解的民事行为就继续有效。

（二）因一方当事人欺诈而为的民事行为

一方当事人欺诈是指民事法律关系的当事人一方故意实施某种欺骗他人的行为，并使该人陷入错误而与欺诈人实施民事行为。

根据《民法总则》第 148 条的规定，一方以欺诈手段，使对方在违背真实意思的情况下实施的民事法律行为，受欺诈方有权请求人民法院或者仲裁机构予以撤销。

（三）因胁迫而为的民事行为

胁迫是指行为人以将来发生的祸害或者实施不法行为，给另一方当事人以心理上的恐吓或者直接造成损害，迫使对方当事人与其实施民法行为。胁迫分为两种，一种是以恐吓为手段的胁迫，另一种是以不法行为为手段的胁迫。

根据《民法总则》第 150 条的规定，一方或者第三人以胁迫手段，使对方在违背真实意思的情况下实施的民事法律行为，受胁迫方有权请求人民法院或者仲裁机构予以撤销。

（四）因显失公平而为的民事行为

显失公平是指一方当事人利用对方处于困境或者缺乏判断能力等情况下，与对方当事人实施的对自己明显有重大利益而使对方明显不利的民事行为。

根据《民法总则》第 151 条的规定，一方利用对方处于危困状态、缺乏判断能力等情形，致使民事法律行为成立时显失公平的，受损害方有权请求人民法院或者仲裁机构予以撤销。

第四节　代理

引例：

某木材厂与某家具城多次有业务往来。在 1999 年 3 月双方第一次签合同时，木材厂经理对家具城说，以后业务均由该厂业务员姚某代理。之后，木材厂每次与家具城签订业务合同，都是由其业务员姚某办理，并带有介绍信、加盖公章的空白合同书、授权委托书。

2004 年 2 月，姚某又与家具城签订了加工家具合同，总价款 12 万元，40 日内交货，预付款 4 万元。当天家具城将 4 万元预付款汇入姚某提供的银行账户里。由于与姚某是老关系，家具城这次没有要求姚某出示厂方介绍信及授权委托书，只是在姚某拿的加盖木材厂公章的空白合同书中与姚某签订合同并签名盖章。两个月过后，家具城不见木材厂发货，便到木材厂询问，得知姚某早在2003年12月就离开了木材厂。家具城让木材厂继续履行合同，遭到拒绝。5月份诉于法院。

案例解析：

本案应当认定为表见代理。表见代理如何认定，关键之处在于对“如何确定相对人有充分的理由认为代理人具有代理权”问题。相对人的理由是相对人在主观上的感受，通过某些事实，经过判断，足以认为行为人是有代理权的人。但是，这种相对人的主观判断的确定标准，并不是主观标准，而是客观标准，即判断相对人的相信并不以其主观的感受为标准，而是按照通常人的感受标准掌握。

一、代理的概念和类型

（一）代理的概念

代理是指代理人在代理权范围内，以被代理人的名义独立与第三人实施法律行为，由此产生的法律效果直接归属于被代理人的制度。以他人名义实施法律行为的人称为代理人；其名义被他人使用而由他人实施法律行为的人被称为被代理人或本人；与代理人实施法律行为的相对人称为第三人。

根据《民法总则》第161条的规定，民事主体可以通过代理人实施民事法律行为。依照法律规定、当事人约定或者民事法律行为的性质，应当由本人亲自实施的民事法律行为，不得代理。根据《民法总则》第162条的规定，代理人在代理权限内，以被代理人名义实施的民事法律行为，对被代理人发生效力。

（二）代理的类型

1. 委托代理。这是指基于被代理人的委托授权而发生代理权的代理，也称为授权代理和意定代理。在委托代理中，委托授权行为是基于被代理人的意志进行的，本人的意思是发生委托代理的前提条件，代理法律关系的产生是基于被代理人的意志。

根据《民法总则》第165条的规定，委托代理授权采用书面形式的，授权委托书应当载明代理人的姓名或者名称、代理事项、权限和期间，并由被代理人签名或者盖章。

根据《民法总则》第173条的规定，有下列情形之一的，委托代理终止：①代理期间届满或者代理事务完成；②被代理人取消委托或者代理人辞去委托；③代理人丧失民事行为能力；④代理人或者被代理人死亡；⑤作为代理人或者被代理人的法人、非法人组织终止。

根据《民法总则》第174条的规定，被代理人死亡后，有下列情形之一的，委托代理人实施的代理行为有效：①代理人不知道并且不应当知道被代理人死亡；②被代理人的继承人予以承认；③授权中明确代理权在代理事务完成时终止；④被代理人死亡前已经实施，为了被代理人的继承人的利益继续代理。作为被代理人的法人、非法人组织终止的，参照适用前款规定。

2. 法定代理。这是依据法律规定而产生代理权的代理。法定代理的产生，是基于自然人无法参与或只能有限制参与的个人事务，但是该种个人事务又必须进行，否则将会损害其合法权益，因此设定法定代理制度。

根据《民法总则》第175条的规定，有下列情形之一的，法定代理终止：①被代理人取得或者恢复完全民事行为能力；②代理人丧失民事行为能力；③代理人或者被代理人死亡；④法律规定的其他情形。

二、复代理

复代理，又称再代理，与本代理相对应，是指代理人为实施代理权限内的全部或者部分行为，以自己的名义选定他人担任自己的被代理人的代理人，并由该他人代理被代理人实施法律行为的情形。被选定的他人为复代理人，其代理的法律效果直接归属于被代理人。

根据《民法总则》第 175 条的规定，代理人需要转委托第三人代理的，应当取得被代理人的同意或者追认。

转委托代理经被代理人同意或者追认的，被代理人可以就代理事务直接指示转委托的第三人，代理人仅就第三人的选任以及对第三人的指示承担责任。

转委托代理未经被代理人同意或者追认的，代理人应当对转委托的第三人的行为承担责任，但是在紧急情况下代理人为了维护被代理人的利益需要转委托第三人代理的除外。

三、无权代理和表见代理

（一）无权代理。这是指代理人不具有代理权、超越代理权而实施的代理行为，或者代理权终止后仍然实施的代理行为。严格的无权代理仅指前一种情形，广义的无权代理包括上述三种情形。

根据《民法总则》第 171 条的规定，行为人没有代理权、超越代理权或者代理权终止后，仍然实施代理行为，未经被代理人追认的，对被代理人不发生效力。

相对人可以催告被代理人自收到通知之日起一个月内予以追认。被代理人未作表示的，视为拒绝追认。行为人实施的行为被追认前，善意相对人有撤销的权利。撤销应当以通知的方式做出。

行为人实施的行为未被追认的，善意相对人有权请求行为人履行债务或者就其受到的损害请求行为人赔偿，但是赔偿的范围不得超过被代理人追认时相对人所能获得的利益。

相对人知道或者应当知道行为人无权代理的，相对人和行为人按照各自的过错承担责任。

（二）表见代理。这是指被代理人的行为足以使第三人相信无权代理人具有代理权，并基于这种信赖与无权代理人实施法律行为的代理。换句话说，表见代理虽无真实的授权，却有外表授权，符合代理的一般特征，法律使其具有代理的实质后果。其发生的原因主要有：

第一，被代理人以书面或者口头形式直接或者间接地向第三人表示以他人为自己的代理人，而事实上他并没有对该人进行授权，第三人信赖被代理人的表示而与该人实施交易行为。

第二，被代理人与代理人之间的委托合同不成立、无效或者被撤销，但尚未收回代理证书，交易相对人基于对代理证书的信赖，与行为人进行交易。

第三，代理关系终止后被代理人未采取必要措施公示代理关系终止的事实并收回代理人持有的代理证书，造成第三人不知代理关系终止而仍与代理人交易。

第四，行为人的外观表象足以使第三人认为其是有代理权而与之交易。

根据《民法总则》第 172 条的规定，行为人没有代理权、超越代理权或者代理权终止后，仍然实施代理行为，相对人有理由相信行为人有代理权的，代理行为有效。

第五节 诉讼时效

引例：

情况一：王某和李某是同事，2000 年 10 月王某因办理出国手续向李某借款 3 万元，并立字据约定王某在出国前将钱款还清。此后王某出国，在国外生活了 5 年，期间李某与王某一直电话联系，但是双方对借钱一事却只字未提。

情况二：2006 年 12 月 30 日王某回国，李某因盖房急需钱，找到王某，王某表示尽快还，并在原字据上写下“2007 年 1 月 30 日前还清”。2007 年 2 月 10 日李某再找王某时，王某称债务早已过诉讼时效，不用返还。

1. 情况一中，李某对王某债权的诉讼时效期间是否已经届满？为什么？

2. 情况二中，王某在字据上写下的“2007 年 1 月 30 日前还清”的行为是否有效？

3. 两种情况下，李某能否通过诉讼要回王某欠他的钱？

案例解析：

1. 已经届满。《民法总则》第 188 条规定，向人民法院请求保护民事权利的诉讼时效期间为 3 年。法律另有规定的，依照其规定。因此，如果权利人在 3 年内不行使民事权利，法院将不再予以保护。本题中李某于 2000 年 10 月借钱给王某，直到 2006 年 12 月 30 日才第一次向王某要钱，时间已经过了 6 年，李某债权的诉讼时效 3 年已经届满。

2. 有效。诉讼时效届满后，当事人做出同意履行的意思表示的，诉讼时效重新计算。

3. 情况一中，不能，因为超出诉讼时效；情况二中，可以。

一、诉讼时效概念及特征

诉讼时效是指民事权利受到侵害的权利人在法定的时效期间内不行使权利，当时效期间届满时，即丧失请求人民法院依诉讼程序强制义务人履行义务之权利的制度。其特征表现为：

第一，诉讼时效具有严格的法律强制性，当事人不得以其意思排除诉讼时效规定的适用，协议变更法定诉讼时效制度的内容或者约定预先放弃时效利益等均为法律所禁止。

第二，诉讼时效属于民事法律事实中的事件，以法定的事实状态——权利人不行使权利的事实连续存在作为适用依据。

第三，诉讼时效产生的法律后果是义务人取得抗辩权。

根据《民法总则》第 188 条的规定，向人民法院请求保护民事权利的诉讼时效期间为 3 年。法律另有规定的，依照其规定。

二、诉讼时效的适用范围

诉讼时效仅适用于具有债权性质的请求权。

根据《民法总则》第 196 条的规定，下列请求权不适用诉讼时效的规定：①请求停止侵害、排除妨碍、消除危险；②不动产物权和登记的动产物权的权利人请求返还财产；③请求支付抚养费、赡养费或者扶养费；④依法不适用诉讼时效的其他请求权。

三、诉讼时效的计算（《民法总则》第 188 条至第 191 条）

诉讼时效期间自权利人知道或者应当知道权利受到损害以及义务人之日起计算。但是自权利受到损害之日起超过 20 年的，人民法院不予保护；有特殊情况的，人民法院可以根据权利人的申请决定延长。具体的诉讼时效起算时间按下列方法计算：

1. 侵权行为所生之债的诉讼时效，自权利人知道或者应当知道权利被侵害事实和加害人之日起计算；

2. 约定履行期限的债，自履行期限届满之次日开始计算；

3. 未约定履行期限的债，自权利人提出履行要求的次日起计算；

4. 当事人约定同一债务分期履行的，诉讼时效期间自最后一期履行期限届满之日起计算；

5. 无民事行为能力人或者限制民事行为能力人对其法定代理人的请求权的诉讼时效期间，自该法定代理终止之日起计算；

6. 未成年人遭受性侵害的损害赔偿请求权的诉讼时效期间，自受害人年满 18 周岁之日起计算。

四、诉讼时效的中止

诉讼时效中止是指在诉讼时效进行期间，因发生法定事由阻碍权利人行使请求权，诉讼时效依法暂时停止进行，并在法定事由消失之日起继续进行的情况，又称为时效的暂停。

根据《民法总则》第 194 条的规定，在诉讼时效期间的最后 6 个月内，因下列障碍，不能行使请求权的，诉讼时效中止：①不可抗力；②无民事行为能力人或者限制民事行为能力人没有法定代理人，或者法定代理人死亡、丧失民事行为能力、丧失代理权；③继承开始后未确定继承人或者遗产管理人；④权利人被义务人或者其他人控制；⑤其他导致权利人不能行使请求权的障碍。

自中止时效的原因消除之日起满 6 个月，诉讼时效期间届满。

五、诉讼时效中断

诉讼时效中断是指已经开始的诉讼时效因发生法定事由不再进行，并使已经过去的时效期间丧失效力。

根据《民法总则》第 195 条的规定，有下列情形之一的，诉讼时效中断，从中断、有关程序终结时起，诉讼时效期间重新计算：①权利人向义务人提出履行请求；②义务人同意履行义务；③权利人提起诉讼或者申请仲裁；④与提起诉讼或者申请仲裁具有同等效力的其他情形。

第二章　物权法

第一节　物权基本理论

一、物

（一）物的概念

物，物质，是标志客观实在的哲学范畴，这种客观实在是人通过感觉感知的，它不依赖于我们的感觉而存在，为我们的感觉所复写、摄影、反映。此意义上的物，也有称为物理上的物、广义上的物，即人们最通常理解的物，是汉语中本来意义上物的含义，泛指一切人类之外客观存在的实体，包括植物、动物、矿物、地球、宇宙天体等。

物权法上物的特点：（1）能为人所支配；（2）能满足人类物质和精神生活的需要；（3）须有价值，能以金钱衡量；（4）须具有法律上的可辨别性。

（二）物的种类

1. 动产与不动产。以物能否移动和移动后是否会损害物的价值为标准划分的，是民法上对物的最重要分类。

2. 可替代物与不可替代物。交易客体为可替代物（如可口可乐）时，可以同类物替代履行；不可替代物（如齐白石的字画）一旦发生损害就只能转化为金钱赔偿。

3. 主物和从物。根据两个独立存在的物在法律效力中的主从关系做出的划分，再无法律特别规定或当事人特别约定时，从物的权利归属与主物一致。认定主物、从物关系，必须同时具备两个条件：二者在物理上互相独立；二者在经济用途上存在主从关系。

4. 原物与孳息。依产生收益的物与所生收益之间的关系而对物做出的区分。孳息是独立于原物的物，原物和孳息属于两个物，因此尚在母牛身体里的小牛属于母牛的组成部分，不属于孳息。

二、物权

（一）物权的概念及特征

物权是指权利人依法对特定的物享有直接支配和排他的权利，包括所有权、用益物权和担保物权。物权是和债权对应的一种民事权利，它们共同组成民法最基本的财产权形式。与债权相比，物权具有如下特征：

物权的权利主体特定，义务主体不特定。物权是指特定主体所享有的排除权利主体外的一切其他人侵害的财产权利。作为一种绝对权和“对世权”，权利人以外任何其他人都负有不得非法干涉和侵害的义务。而债权只是发生在债权人和债务人之间，权利主体和义务主体都是特定的。债权人的请求权只对特定的债务人发生效力，因此被称为对人权。

物权内容是直接支配一定的物并排除他人干涉。所谓直接支配，是权利人无须借助他人的行为就能够行使自己的权利。权利人可以依据自己的意志直接依法占有、使用其物，或采取其他支配方式。所谓排除他人干涉，是指物具有不容他人侵犯的性质。

（二）物权的分类

1. 所有权与他物权。所有权是指所有人依法可以对物进行占有、使用、收益和处分的权利。所有权是物权中最完整、最充分的权利。他物权是指所有权以外的物权，亦称限制物权、定限物权。他物权是所有权的部分权能与所有人发生分离，由所有权人以外的主体对物享有一定程度的直接支配权。他物权与所有权一样，具有直接支配物并排斥他人干涉的性质。

2. 用益物权和担保物权。根据设立物权的目的不同，传统民法将它分为用益物权和担保物权。用益物权是指以物的使用收益为目的的物权，包括建设用地使用权、土地承包经营权、地役权等。担保物权是指以担保债权，即以确保债务的履行为目的的物权，包括抵押权、质权、留置权等。

3. 动产物权和不动产物权。这是按物权客体的不同做出的分类。

（三）物权法的基本原则

1. 物权法定原则。物权法定包括物权种类法定和物权内容法定。种类法定，即不得创设民法或其他法律所不承认的物权；内容法定，即不得创设与物权法定内容相异的内容。

2. 一物一权原则。一物之上只能有一个所有权，不能有多个所有权。一物之上只能有一个所有权，但“所有权人”可以是多人（如夫妻共有）。一物之上只能有一个所有权，但一物之上可以设定多个相互不冲突的物权。

3. 公示公信原则。

（1）公示原则。不动产的权利状态通过“登记”制度表示，而动产的权利状态则通过“占有”表示。

（2）公信原则。所谓公信，是指当物权依据法律规定进行了公示，即使该公示方法表现出来的物权实际存在瑕疵，为保护交易安全，对信赖该公示物权并从事了物权交易的人，法律仍承认物权变动的法律后果。公信力是善意取得的必要条件。

第二节　物权的变动

引例：

甲、乙、丙于2007年10月8日各出资1万元买得一幅名画，三人约定各占1/3的份额，画由甲保管。2007年11月，甲遇丁，丁愿购此画。甲擅自决定将此画作价4.5万元卖给丁。事后，甲告知乙、丙。乙、丙要求分得卖画款项，甲分别给乙、丙各1.5万元。

丁购得该画后，于2007年12月1日将画以5万元卖给戊。双方同时约定，此画先放在丁处，让丁再欣赏1个月，2008年1月1日丁再向戊交付该画。

1. 丁是否取得了该画的所有权？并说明理由。

2. 戊自何时取得该画的所有权？并说明理由。

案例解析：

1. 丁依法取得了该画的所有权。根据《中华人民共和国物权法》（以下简称《物权法》）的规定，一个或几个共有人未经占份额 2/3 以上的按份共有人同意，擅自处分共有财产的，其处分行为应当作为效力待定的民事行为处理。但第三人善意、有偿取得该财产的，应当维护第三人的合法权益，对其他共有人的损失，由擅自处分共有财产的人赔偿。在本题中，尽管甲未经占份额 2/3 以上的按份共有人同意，擅自处分共有财产，但善意第三人丁属于有偿取得，基于善意取得制度依法取得了该画的所有权。

2. 戊自 2007 年 12 月 1 日起取得该画的所有权。根据《物权法》的规定，动产物权转让时，双方又约定由出让人继续占有该动产的，物权转移自该约定生效时发生效力。

一、物权变动概述

所谓物权的变动，是指物权的设立、变更、转让和消灭。物权的变动是市场交易的基本表现形式，交易过程就是物权变动的过程。物权法关于交易变动的规则，对保障交易的安全、维护当事人的利益，具有十分重要的作用。

物权的变动可以分为基于法律行为的物权变动和非基于法律行为的物权变动。基于法律行为发生的物权变动是市场交易的法律形式，属于物权法规范的物权变动常态；而非基于法律行为发生的物权变动不是典型的交易形式，物权法将之进行例外规定，在法律特别规定的情况下才能适用。

当事人基于合意或者其他法律行为，并完成一定的公示方法后，完成一定的物权变动，称为“基于法律行为的物权变动”。非基于法律行为的物权变动模式，是指因为法律规定的原因，如继承、法院判决、征收等事实导致的物权的产生、变更和消灭。

二、不动产的物权变动

（一）不动产物权变动的情形

1. 登记生效。不动产物权的设立、变更、转让和消灭，经依法登记，发生效力；未经登记，不发生效力，但法律另有规定的除外。房屋买卖、建设用地使用权的取得和不动产的抵押必须登记，登记有效。当事人之间订立有关设立、变更、转让和消灭不动产物权的合同，除法律另有规定或者合同另有约定外，自合同成立时生效，未办理物权登记的，不影响合同的效力。

2. 登记对抗。土地承包经营权自土地承包经营权合同生效时设立。未经登记，不得对抗善意第三人。地役权自地役权合同生效时设立。是否登记，不影响地役权的设立。但未经登记，不得对抗善意第三人。

3. 非基于法律行为的物权变动。

（1）基于事实行为。因合法建造、拆除房屋等事实行为设立或者消灭物权的，自事实行为成就时发生效力。

（2）基于法律规定。因继承或者受遗赠取得物权的，自继承或者受遗赠开始时发生效力。

（3）基于公法行为。因人民法院、仲裁委员会的法律文书或者人民政府的征收决定，导致物权设立、变更、转让或者消灭的，自法律文书或者人民政府的征收决定生效时发生效力。

非基于法律行为的物权变动不以登记为要件，但获得权利的主体在处分该物权时，仍应当依法办理登记。未经登记的，不发生物权效力。

（二）不动产登记制度

1. 土地登记与房屋的登记

土地登记的登记机构是土地管理部门，房屋登记的登记机构是房屋管理部门。

2. 土地总登记、初始登记、变更登记、转移登记和注销登记

土地总登记是指在一定时间内对辖区内全部土地或者特定区域内土地进行的“全面”登记。在初始登记之前，需作土地总登记。对土地总登记之后，具体土地权利的取得、变更或者消灭才有可能进行登记。初始登记是指首次将“具体土地”权利登入登记簿的行为。变更登记是指因土地权利人发生变化，或者因土地权利人姓名或者名称、地址和土地用途等内容发生变更而进行的登记。注销登记是指因土地权利的消灭而进行的登记。

3. 更正登记与异议登记

权利人、利害关系人认为不动产登记簿记载的事项错误的，可以申请更正登记。不动产登记簿记载的权利人“书面同意”更正或者有证据证明登记有错误的，登记机构应当予以更正。

如果不动产登记簿记载的权利人不同意更正，利害关系人可以申请异议登记，登记机构予以异议登记的，申请人在异议登记之日起 15 日内不起诉；异议登记失效，异议登记不当，造成权利人损害的，权利人可以向申请人请求赔偿。

4. 预告登记

当事人签订买卖房屋或者其他不动产物权的协议，为保障将来实现物权，按照约定可以向登记机构申请预告登记。

此外，不动产权属证书与不动产登记簿不一致的，除有证据证明不动产登记簿确有错误外，以不动产登记簿为准。

三、动产的物权变动

（一）动产物权变动的情形

1. 所有权交付生效。一般动产交付生效。动产物权的设立和转让，自“交付”时发生效力，但法律另有规定的除外。一般动产（如冰棍）的所有权自“交付”时转移。特殊动产交付生效，登记对抗。船舶、航空器和机动车等物权的设立、变更、转让和消灭，未经登记，不得对抗善意第三人。

2. 质权交付生效。以动产设定质押的，质权自“交付”时设立。

3. 抵押权登记对抗。以动产设定抵押的，抵押权自抵押合同生效时设立；但未经登记不得对抗善意第三人。

（二）特殊的交付方式

1. 简易交付。简易交付是指动产的物权设立和转让前，权利人已经先行占有该动产的，物权在法律行为生效时发生变动效力。标的物在订立合同之前已为买受人占有的，合同生效的时间为交付时间。

2. 指示交付。动产物权设立和转让前，第三人依法占有该动产的，负有交付义务的人可以通过转让请求第三人返还原物的权利代替支付。

3. 占有改定。动产物权转让时，双方又约定由出让人继续占有该动产的，物权转移自该

约定生效时发生效力。

第三节 所有权制度

引例：

甲、乙二人系夫妻，均在A市做生意，2人共同拥有住房1幢、店面3间。二人婚后感情不和，经常闹离婚，因生意不佳，二人于2009年6月将店面租给丙使用，约定租期3年，每年租金10万元。2010年8月，二人因琐事产生争执，甲一气之下前往外地做生意去了。2012年1月，丙找到乙，希望能够续签合同。乙考虑到自己夫妻感情不和，迟早要离婚，遂表示可以，并建议丙也可买下此房，丙询问是否需要经过甲的同意，乙谎称甲早有出卖房屋的意思。2012年3月，二人签订了房屋买卖合同，丙当即支付房款，双方办理了房屋过户手续。2012年5月，甲回到A市，向丙讨还房屋，这时才得知乙已经将房屋卖给了丙。乙为了独吞房款，趁甲出门不辞而别。

1. 乙的行为性质如何？并试分析买卖前后房屋所有权的归属关系。

2. 乙对甲是否应承担责任？

案例解析：

1. 本案中，甲、乙虽感情不和，但在法律上依然具有婚姻关系，甲、乙对其共有财产都有平等的处分权。

在乙卖出房屋的时候，其谎称甲已经同意的行为虽然并不道德，但作为第三人的丙是没有理由怀疑的，况且丙善意地给付了房款，也进行了房屋的过户登记。房屋所有权应当归属于丙。因此，在房屋过户登记前，房屋所有权归甲、乙共有，过户后归丙所有。

2. 乙擅自出卖房屋并且为了独吞房款不辞而别，《中华人民共和国婚姻法》（以下简称《婚姻法》）第47条规定，在离婚时，甲有权要求多分财产，并有权向乙要求赔偿。

一、所有权概述

（一）所有权的概念及特征

所有权是指所有人依法对自己的财产享有的占有、使用、收益和处分的权利。其法律特征表现在：

1. 所有权具有完整性。所有权是完整的物权，与其他物权的区别在于所有人对财产享有占有、使用、收益和处分的完整权利，而其他物权只是具有所有权的部分权能。

2. 所有权是一种绝对权。所有权人通过自己的行为即可直接实现对其财产的占有、使用、收益与处分，所有人之外的任何不特定的民事主体都是义务人，都负有不作为的义务。

3. 所有权具有排他性。所有权可以依法排斥他人的非法干涉，不允许其他任何人加以妨碍或者侵害。而且所有权实行一物一权，任何财产只能有一个所有权。

4. 所有权具有存续上的永久性。所有权因标的物的存在而永久存在，不预定其存续期间。

（二）所有权的权能

所有权包括四项权能，即占有权、使用权、收益权和处分权。

1. 占有权。占有权是指民事主体依法享有的对于某项财产的实际控制权。与占有强调事实管领不同，占有权是基于合法占有产生的权利。

2. 使用权。使用是指民事主体按照物的性能对物进行利用，以满足生产或生活的某种需要。使用权是民事主体对于财产进行合法利用的权利。

3. 收益权。收益权是指民事主体通过合法途径获取基于财产而产生的物质利益的权利。收益包括孳息和利润。

4. 处分权。处分权是财产所有人最基本的权利，也是所有权的核心内容。

占有、使用、收益和处分，构成了完整的所有权权能。财产所有人可以将这四项权能集于一身统一行使，也可以将这四项权能中的若干权能交由他人行使。

二、国家所有权

（一）专属于国家所有的财产

1. 土地。城市的土地属于国家所有。法律规定属于国家所有的农村和城市郊区的土地属于国家所有。

2. 自然资源。矿藏、水流、海域、森林、山岭、草原、荒地、滩涂等自然资源，属于国家所有，但法律规定属于集体所有的除外；法律规定属于国家所有的野生动植物资源，属于国家所有。

3. 文物。法律规定属于国家所有的文物，属于国家所有。

4. 无线电频谱资源属于国家所有。

5. 其他财产。国防资产属于国家所有。铁路、公路、电力设施、电信设施和油气管道等基础设施，依照法律规定为国家所有的，属于国家所有。

（二）国家所有权的行使和保护

国有财产由国务院代表国家行使所有权，法律另有规定的，依照其规定。国家所有的财产受法律保护，禁止任何单位和个人侵占、哄抢、私分、截留、破坏。

国有资产监管部门履行国有财产管理、监督职责，对国有财产进行管理、监督，促进国有财产保值增值。

三、集体所有权

集体所有权又称劳动群众集体组织所有权，是集体组织对其财产享有的占有、使用、收益、处分的权利。

（一）专属于集体所有的财产

法律规定属于集体所有的土地和森林、山岭、草原、荒地、滩涂，这些土地及其他自然资源除国家所有之外都是集体所有；集体所有的建筑物、生产设施、农田水利设施；集体所有的教育、科学、文化、卫生、体育等设施；集体所有的其他不动产和动产。

（二）集体所有权的行使

1. 农民集体对于集体所有的财产拥有决策权

由农民集体所有的不动产和动产，属于本集体成员集体所有，关于集体所有财产的重大事项的决策由农民集体决策，而不是由集体组织决策。依据我国《物权法》规定，土地承包方案以及将土地发包给本集体以外的单位或者个人承包、个别土地承包经营权人之间承包地的调整、土地补偿费等费用的使用和分配办法、集体出资的企业的所有权变动等事项依照法定程序经本集体成员决定。

2. 由集体组织代表本集体行使所有权

集体所有分为三级所有，即村集体所有、村内两个以上的农民集体所有与乡集体所有。集体所有权则由三级集体组织代表本集体行使所有权，具体如下：

（1）属于村农民集体所有的，由村集体经济组织或者村民委员会代表集体行使所有权；

（2）分别属于村内两个以上农民集体所有的，由村内各集体经济组织或者村民小组代表集体行使所有权；

（3）属于乡镇农民集体所有的，由乡镇集体经济组织代表集体行使所有权。

四、私人所有权

私人所有权主要指自然人、企业法人和社会团体对其合法财产享有的占有、使用、收益和处分的权利。私人的合法财产受法律保护，禁止任何单位和个人侵占、哄抢、破坏。《物权法》第64条规定，私人对其合法的收入、房屋、生活用品、生产工具、原材料等不动产和动产享有所有权。此处所称私人，并不局限于自然人，民法上的法人尤其是企业法人亦包括在内。

五、共有

（一）共同共有

所谓共同共有是指两个以上的权利人，对全部共有财产不分份额地享有平等的所有权。

家庭关系中的共有为共同共有，包括《婚姻法》规定的夫妻共同财产、《中华人民共和国继承法》上的遗产、《中华人民共和国农村土地承包法》中的家庭承包财产等。另外，以家庭共有财产投资设立的个人独资企业的财产，由家庭成员共同共有。

1. 共有物的管理

（1）重大修缮。对共有的不动产或者动产进行重大修缮的，应当经全体共有人（一致）同意，但共有人之间另有约定的除外。

（2）权利和义务。共有人按照约定管理共有的不动产或者动产。没有约定或者约定不明确的，各共有人都有管理的权利和义务。

（3）管理费用。对共有物的管理费用以及其他负担，有约定的按照约定，没有约定或者约定不明的，由共同共有人共同承担。

2. 共有物的分割

共有人约定不得分割共有的不动产或者动产，以维持共有关系的，应当按照约定；但共有人有重大理由需要分割的，可以请求分割；没有约定或者约定不明确的，共同共有人在共有的基础上或者有重大理由需要分割时可以请求分割。因分割对其他共有人造成损害的，应当给予赔偿。共有人可以协商确定分割方式：达不成协议的，共有的不动产或者动产可以分割并且不会因分割减损价值的，应当对实物予以分割；难以分割或者因分割会减损价值的，应当对折价或者拍卖、变卖取得的价款予以分割。

3. 共同共有的对外对内关系

（1）对外关系。因共有的不动产或者动产产生的债权债务，共有人享有连带债权，承担连带债务，但法律另有规定或者第三人知道共有人不具有连带债权债务关系的除外。

（2）对内关系。在共有人内部关系上，除共有人另有约定外，共同共有人共同享有债权，承担债务。

（二）按份共有

按份共有又称为分别共有，是指两个或两个以上共有人按照各自的份额分别对其共有财产享有权利和承担义务的一种共有关系。

共有人对共有的不动产或者动产没有约定为按份共有或者共同共有，或者约定不明确的，除共有人具有家庭关系等外，视为按份共有。

按份共有人对共有的不动产或者动产享有的份额，可以约定；没有约定或者约定不明确的，按照出资额确定；不能确定出资额的视为等额享有。

1. 共有物的管理

（1）重大修缮。按份共有人对共有的不动产或者动产进行重大修缮的，应当经占份额 2/3 以上的按份共有人同意，但共有人之间另有约定的除外。

（2）权利和义务。共有人按照约定管理共有的不动产或者动产。没有约定或者约定不明确的，各共有人都有管理的权利和义务。

（3）管理费用。对共有物的管理费用以及其他负担，有约定的按照约定，没有约定或者约定不明确的，按份共有人按照其份额负担。

2. 共有物的分割

共有人约定不得分割共有的不动产或者动产，以维持共有关系的，应当按照约定；但共有人有重大理由需要分割的，可以请求分割；没有约定或者约定不明确的，按份共有人可以随时请求分割；因分割对其他共有人造成损害的，应当予以赔偿。

3. 按份共有的对外对内关系

（1）对外关系。因共有的不动产或者动产产生的债权债务，共有人享有连带债权，承担连带债务，但法律另有规定或者第三人知道共有人不具有连带债权债务关系的除外。

（2）对内关系。在共有人内部关系上，除共有人另有约定外，按份共有人按照份额享有债权，承担债务。

六、所有权的特殊理论

（一）善意取得制度

善意取得又称为即时取得，无权处分人将其财物（动产或者不动产）转让给第三人，如受让人在取得该财物时系出于善意，则受让人取得该物的所有权，原权利人丧失所有权。

1. 善意取得的构成要件

（1）依“法律行为”转让所有权。善意取得只能在交易中发生，该交易所借助的手段是法律行为。其他非因法律行为而发生的物权变动，无论是基于事实行为、公法行为还是直接基于法律规定而变动，均不存在善意取得的问题。

（2）转让人无处分权。如果转让人对于所转让的标的物享有处分权，则适用正常的物权变动规则，善意取得制度旨在解决无权处分行为的有效性问题，因此必须以转让人无处分权为前提。

（3）受让人为“善意”第三人，是否善意的判断时点以受让时为准，如果受让人事后得知转让人无处分权，不影响受让人的善意取得。

（4）以合理的价格转让。受让人不仅需要支付对价，而且所支付的对价在市场交易中属于合理的范围。因此，受让人无偿或者以明显不合理的价格取得财产时，不适用善意取得制度。

（5）动产的善意取得以“支付”为要件，不动产则以登记为要件。如果双方当事人仅仅达成合意，但动产尚未交付（或者不动产尚未办理产权过户登记），则当事人之间仍只有债的法律关系，而没有形成物权法律关系，不能发生善意取得的效果。

（6）转让人基于真实权利人的意思“合法占有”标的物。基于真实权利人的意思而合法占有之物，称为委托物。相反，非基于真实权利人的意思而占有之物称为脱手物（如遗失物或盗窃物）。善意取得制度适用于委托物，不适用于遗失物或盗窃物。

2. 善意取得的法律效果

（1）所有权发生转移（直接法律效果）。善意受让人取得标的物的所有权，相应地，真实权利人的所有权随之失去。不仅如此，善意受让人取得动产后，该动产上的原有权利消灭，但善意受让人在受让时知道或者应当知道该权利的除外。

（2）赔偿请求权（间接法律效果）。真实权利人有权向无权处分之转让人请求损害赔偿。

（3）不动产善意取得的特别法律效果。

3. 善意取得的适用范围：（1）动产、不动产均可适用善意取得制度；（2）赃物不适用善意取得制度；（3）善意取得制度不仅仅适用于所有权，建设用地使用权、抵押权、质权、留置权等其他物权也可以善意取得。

（二）添附

原物经过添附而成为新物，但所有权仍只有一个，因而需要确定新物的所有权归属。

1. 附合

不同所有人的物密切结合，构成“不可分割”的一物，称之为附合。

（1）动产附合于不动产而成为不动产不可分割的重要成分者，不动产所有人取得附合物的所有权。例如，钢筋附合于房屋，房屋所有权人取得钢筋的所有权。

（2）动产附合于动产，动产与他人之动产附合，非毁损不能分离，或者分离成本过大时，各动产所有权人按其动产附合时的价值共有合成物。但是附合的动产有可视为主物者，该主物的所有权人取得合成物的所有权。

2. 混合

所有权不属于同一个人的动产，相互混杂，难以识别或者分离，称之为混合。关于混合，确定所有权时，准用动产附合之规则。

3. 加工

在他人的动产上进行改造或者劳作，并生成新物的法律事实，称之为加工。通过对一项或者数项材料加工或者改造而形成新物，只要加工或者改造的价值不明显低于材料价值，加工人即取得新物的所有权，材料之上的既存权利即消灭。因添附而失去所有权之人，有权请求取得添附新物所有权之人赔偿损失。

（三）拾得遗失物

遗失物拾得是指发现且实际占有该遗失物，是发现与占有两者相结合的行为。发现与占有缺一均不可构成拾得。

拾得人不能取得遗失物的所有权，拾得遗失物后，拾得人应当及时通知权利人领取，或者送交公安等有关部门。有关部门收到遗失物，知道权利人的，应当及时通知其领取；不知道的，应当及时发布招领公告。遗失物自发布招领公告之日起6个月内无人认领的，归国家所有。

拾得人享有费用偿还请求权，在遗失人发出悬赏广告时，归还失物的拾得人还享有悬赏广告所允诺的报酬请求权。拾得人在返还拾得物时，可以要求支付必要费用，但不得要求支付报酬，但遗失人发出悬赏广告，愿意支付一定报酬的，不得反悔。

对于发现埋藏物并实施占有的，参照适用拾得遗失物的有关规定。

七、不动产相邻关系

（一）相邻关系的概念

相邻关系是指两个或两个以上相互毗邻不动产的所有人或使用人，在行使占有、使用、收益、处分权利时发生的权利义务关系。

（二）相邻关系的具体类型

1. 邻地利用关系

所谓邻地利用关系是指不动产所有人或使用人为了行使自己的不动产权利而必须利用其相邻之不动产权利人的不动产，则相邻之不动产权利人不得基于其所有权或使用权而予以禁止，但利用人必须选择给对方造成最小损失的方式并给对方以补偿。具体又包括如下几种情形：邻地通行权；管线铺设权；建造建筑物等利用权。

2. 用水和排水关系

我国《物权法》第86条第2款规定，对自然流水的利用，应当在不动产的相邻权利人之间合理分配。对自然流水的排放，应当尊重自然流向。据此，用水关系和排水关系，包括自然排水与人工排水，应根据水的自然流向在相邻权利人之间合理分配。

3. 妨害防免关系

所谓妨害防免关系是指不动产所有人在行使自己之不动产权利时不得给相邻之不动产权利人造成不应由其忍受的妨害。

第四节　建筑物区分所有权

引例：

福州市天元山庄小区现有车位只售不租，每个停车位售价约10万元。部分业主嫌价高不愿购买，把车停在小区内公共道路上，而物业公司认为业主不买车位就不能将车停在小区内。双方因此产生争议并不断升级。2007年5月28日傍晚，物业人员把拒买车位的30多名有车业主堵在家门口超过3小时。试从物权法的角度分析小区车位的归属和使用问题。

案例解析：

《物权法》第74条第3款、第82条分别规定，占用业主共有的道路或者其他场地用于停放汽车的车位，属于业主共有；物业服务企业或者其他管理人根据业主的委托管理建筑区划内的建筑物及其附属设施，并接受业主的监督。

依据上述法律规定，小区内公共停车费实际上包括了停车位所占用土地的使用费和车辆保管费两部分。土地使用费部分应该支付给停车费所占用土地的所有者——小区全体业主；而保管费用部分应该支付给车辆保管人。小区内扣除必要管理费后的公共停车费余款属于全体业主共有，物业公司不得据为己有。有车的业主同样必须交停车费，同时，其有权与小区其他业主共同分享小区停车利益。

一、建筑物区分所有权概述

根据《物权法》规定，建筑物区分所有权由专有部分所有权、共有部分的权利以及因共同关系产生的成员权 3 种权利构成。专有所有权、共有权及成员权 3 种权利共同作为一个整体出现，不得分离。

二、建筑物区分所有权的客体

区分所有权的客体包括专有部分和共有部分。

（一）专有部分的所有权

专有部分要求具备以下要件：（1）具有构造上的独立性，能够明确区分；（2）具有利用上的独立性，可以排他使用；（3）能够登记成为特定业主所有权的客体。规划上专属于特定房屋，且建设单位销售时已经根据规划列入该特定房屋买卖合同中的露台等，应当认定为专有部分的组成部分。

根据《物权法》规定，业主对建筑物内的住宅、经营性用房等专有部分享有所有权，有权对专有部分占有、使用、收益和处分。业主行使专有部分所有权时，不得危及建筑物的安全，不得损害其他业主的合法权益。

（二）共有部分的共有权

业主对专有部分以外的共有部分享有共有的权利。不属于业主专有部分，也不属于市政公用部分或者其他权利人所有的场所及设施等也属于业主共有。业主的共有，有部分共有与全体共有的区别，单元内的电梯属于单元内的业主共有；小区的公共绿地属于小区全体业主共有。

根据《物权法》的规定，属于全体业主共有的部分一般包括：（1）建筑区划内的土地，依法由业主共同享有建设用地使用权，但属于业主专有的整栋建筑物的规划占地或者城镇公共道路、绿地占地除外。（2）建筑区划内的道路，属于业主共有，但属于城镇公共道路的除外。（3）建筑区划内的绿地，属于业主共有，但属于城镇公共绿地或者明示属于个人的除外。（4）建筑区划内的其他公共场所、公用设施和物业服务用房，属于业主共有。（5）占用业主共有的道路或者其他场地用于停放汽车的车位，属于业主共有。

（三）成员权

根据《物权法》规定，业主对专有部分以外的共有部分享有共同管理的权利。业主可以自行管理建筑物及其附属设施，也可以委托物业服务企业或者其他管理人管理。业主可以设立业主大会，选举业主委员会。

《物权法》规定的业主共同行使权利的大部分事项，如制定和修改业主会议议事规则、制定和修改建筑物及其附属设施的管理规约、选举业主委员会或者更换业主委员会成员、选聘和解聘物业服务机构或者其他管理人等事项经专有部分占建筑物总面积过半数的业主且占总人数过半数的业主同意即可。但是对于筹集和使用建筑物及其附属设施的维修资金和改建、重建建筑物及其附属设施的行为则应当经专有部分占建筑物总面积 2/3 以上的业主且占总人数 2/3 以上的业主同意。

第五节 用益物权制度

引例：

1991 年 2 月，黄某以一户三人（黄某与妻子张某、大儿子）名义申请了宅基地建房。同年 12 月，小儿子出生。2012 年大儿子结婚，黄某因车祸去世。2013 年，小儿子因结婚另行申请了宅基地建房；大儿子也将房屋拆除，在原宅基地上建了新房，张某随大儿子居住。2016 年，大儿子居住房屋面临拆迁，获得了拆迁补偿款 10 万余元和宅基地使用权补偿款 36 万余元。小儿子得知后，认为宅基地补偿款属于申请宅基时的黄某、张某和大儿子共同所有，三人应各享有 12 万余元。父亲黄某已经去世，其享有的 12 万余元应作为遗产由母亲、哥哥和自己共同继承。大儿子反对，双方对簿公堂。

试分析宅基地使用权是否是“财产”，以及是否为“个人财产”？

案例解析：

《继承法》第 3 条规定，遗产是公民死亡时遗留的个人合法财产。

从宅基地使用权的内部关系来看，属于家庭共同共有，不是被继承人的个人财产，不能作为遗产继承。宅基地使用权是家庭共同共有财产，与家庭关系密切相连。按照共同共有的法理，家庭成员对宅基地使用权享有平等的权利、承担平等的义务，家庭成员之间不产生份额的问题。

家庭个别成员的死亡，并没有导致家庭关系的消亡，也就不会产生宅基地使用权的分割问题，无法形成死亡人对宅基地使用权的个人份额。也就是说，“被继承人”死亡前，宅基地使用权并非其个人财产；“被继承人”死亡后，家庭关系仍然存在，宅基地使用权没有分割，仍然是家庭共同共有财产而非“被继承人”的个人财产，则不能作为遗产继承。

一、用益物权的基本理论

根据《物权法》规定，用益物权是对他人所有的不动产或者动产，依法享有占有、使用和收益的权利。结合《物权法》的相关规定，用益物权包括：（1）土地承包经营权；（2）建设用地使用权；（3）宅基地使用权；（4）地役权；（5）准物权。准物权具体包括海域使用权、探矿权、采矿权、取水权和使用水域、滩涂从事养殖、捕捞的权利。

与所有权、担保物权相比，用益物权有以下特征：

（1）用益物权以对标的物的使用、收益为主要内容，即注重物的使用价值，并以对物的占有为前提。

（2）用益物权除地役权外，均为主物权；担保物权为从物权。

（3）用益物权虽然也可以在动产上设立，但是从用益物权的具体类型来看，用益物权主要以不动产为客体，这主要是便于通过登记公示。

（4）用益物权是直接支配他人的物的权利。用益物权人可以直接支配标的物，不需要他人行为的介入。

二、主要用益物权

（一）土地承包经营权

1. 土地承包经营权概述

土地承包经营权，是指由公民或集体组织，对国家所有或集体所有的土地、山岭、草原、荒地、滩涂、水面等，依照承包合同的规定而享有的占有、使用和收益的权利。

2. 土地承包经营权取得

土地承包经营权通过订立承包合同方式确立。根据《物权法》规定，土地承包经营权自土地承包权合同生效时设立。

3. 土地承包经营权的流转

在承包经营期限范围内，承包权人有权根据法律规定，采取转包、互换、转让等方式流转土地承包经营权，流转期限不得超过承包期的剩余期限。如果采取互换、转让方式流转没有办理登记手续的，不得对抗善意第三人。

（二）建设用地使用权

1. 建设用地使用权概述

建设用地使用权是指民事主体对国家所有的土地，依法享有占有、使用和收益的权利，有权利用该土地建造建筑物、构筑物及其附属设施。

2. 建设用地使用权的取得

建设用地使用权的取得方式有出让、划拨等方式。其中划拨是无偿取得使用权的方式，因此法律严格限制以划拨方式设立建设用地使用权。建设用地使用权的设立必须向登记机构办理登记，登记是设立、变更、转让、消灭建设用地使用权的生效条件。

3. 建设用地使用权的流转

权利人取得建设用地的使用权后，除法律另有规定的以外，有权将建设用地使用权转让、互换、出资、赠与或者抵押。在转让、互换、出资或者赠与时，附着于该土地上的建筑物、构筑物及其附属设施一并处分。当建筑物、构筑物及其附属设施转让、互换、出资或者赠与的，该建筑物、构筑物及其附属设施占用范围内的建设用地使用权一并处分。

（三）地役权

1. 地役权概述

地役权是指不动产权利人（包括土地所有人、地上权人以及土地的承租人），为了自己利用不动产的方便或者不动产利用价值的提高，通过约定得以利用他人不动产的权利。

2. 地役权特性

（1）从属性。地役权的从属性是就地役权与需役地的关系而言，具体表现为两个方面：地役权不得与需役地相分离单独转让；地役权不得与需役地的所有权或使用权相分离，作为其他权利的标的，如不得单独设定抵押。

（2）不可分性。地役权的不可分性是指地役权存在于需役地和供役地的全部，不能分割为各个部分或仅仅以一部分而单独存在。

根据《物权法》规定，地役权自地役权合同生效时设立。当事人要求登记的，可以向登记机构申请地役权登记；未经登记，不得对抗善意第三人。

（四）宅基地使用权

1. 宅基地使用权概述

宅基地使用权是指权利人对集体所有的土地享有占有和使用的权利，有权依法利用该土地建造住宅及其附属设施的权利。

2. 宅基地使用权的特征

（1）权利主体特殊性。《物权法》第152条规定的宅基地使用权只能由集体经济组织的成员享有。失去集体经济组织的成员身份，基于其身份取得的宅基地使用权就失去了基础，集体经济组织有权收回。

（2）客体的特殊性。宅基地使用权的客体是集体所有的土地。宅基地使用权的客体必须是非耕地，任何组织和个人不得擅自将耕地变更为宅基地。

（3）内容的特殊性。宅基地使用权只能用于建造住宅及其附属设施，且必须自用。

（4）取得和使用的无偿性。集体经济组织的成员获得宅基地大多是无偿的或者只是需要支付较低的对价，不需要按照建设用地面积的市价购买。并且一户只能申请一处宅基地。

（5）使用的无期限性。权利人对宅基地有长期使用权，但该使用权不是长期不变的。

（6）流转的严格限制性。宅基地使用权的流转受到严格限制。现行立法规定，宅基地本身不能转让，宅基地之上房屋的转让也只能在一定范围内进行。

第六节　担保物权制度

引例：

A企业在公司章程中明确约定，其法定代表人王某对外签订合同的最高限额为150万。2007年4月1日，王某在一次商品交易会上，为了抓住稍纵即逝的商机，代表A企业与B企业签订了一份250万元的买卖合同，B企业并不知道王某违反了A企业的内部规定。按照买卖合同的约定，由A企业在2007年6月5日前向B企业提供货物，B企业收到货物后的10天内支付货款250万元。

2007年6月1日，A企业按照合同约定完成全部货物的生产，6月2日A企业有确切证据得知B企业经营状况严重恶化，可能无力支付250万元的货款。6月5日，B企业要求A企业提交货物，遭到A企业的拒绝，A企业要求B企业提供担保。B企业以自己的机器设备作为抵押，担保的价值为100万元，同时B企业请求C企业为保证人，C企业担保的价值为150万元。6月20日，A、B签订了抵押合同，双方在抵押合同中约定，如B企业不能支付到期货款，该机器设备的所有权直接归A企业所有，同时，A、B企业并未就该抵押合同办理登记。A企业与C企业签订了保证合同，双方在保证合同中约定，C企业的保证方式为连带保证，但双方未约定保证期间和保证担保的范围。

7月1日，A企业按照合同约定向B企业提交了全部货物。B企业接到货物后，对标的物的数量和质量未提出异议，但由于经营状况不佳，7月10日（支付货款的最后期限）无力支付货款。7月12日，A企业向B企业要求行使抵押权，发现该机器已经由于保管不当而灭失，B企业由此获得补偿金80万元。在A企业的要求下，B企业将80万元的补偿金金额支付给A企业。同时，A企业要求C企业承担保证责任，支付其担保的150万元，C企业表示拒绝。

1. 机器设备未办理登记手续，是否会影响该抵押合同的效力？

2. 如 B 企业不能支付到期货款，该机器设备的所有权能否直接归 A 企业所有？

3. A 企业应按何种顺序行使担保权利的顺序？

4. A 企业是否有权要求 B 企业支付其 80 万元的补偿金？为什么？

案例解析：

1. 不影响。抵押合同登记可以对抗第三人，是否登记在双方当事人之间不影响合同效力。

2. 不能。流质契约禁止条款，A 只能拍卖机器，从拍卖款中取得 100 万。

3. 在 B 不能支付货款时，因为 B 和 C 承担的是连带保证责任，A 可以先将 B 的机器拍卖再向 C 支付，也可以直接要求 C 支付，再将 B 的机器拍卖。

4. 可以。80 万元属于代位物，A 企业享有抵押物上代位权。

一、担保物权的基本理论

（一）担保物权概述

担保物权是指在债务人不履行到期债务或者发生当事人约定的实现担保物权的情形，债权人依法享有就担保财产优先受偿权利的他物权。

（二）担保物权的特性

1. 从属性

担保物权的从属性体现在以下三个方面：（1）发生上的从属性。原则上担保物权的设立，以主债权存在为前提（最高额抵押等属于例外情形）。主债权不存在，担保物权也不能设立。（2）移转上的从属性。担保物权不能与主债权分离而转让。担保物权不能与主债权分离，单独作为权利质权的客体。（3）消灭上的从属性。原则上，主债权消灭，担保物权也归于消灭。不过主债权部分消灭时，基于担保物权的不可分性特性，担保物权并不部分消灭。

2. 不可分性

担保物权的不可分性是指担保物的全部担保债权的各部分以及担保物的各部分担保债权的全部。即在所担保的债权未受全部清偿前，担保权人可就担保物的全部行使权利。债权部分消灭，债权人仍未清偿部分的债权对担保物的全部行使权利。担保物部分灭失，残存部分仍担保债权全部。

3. 物上代位性

在担保期间，如果担保财产毁损、灭失或者被征收等，担保物权人可以就获得的保险金、赔偿金或者补偿金等优先受偿。

二、抵押权

（一）抵押权的概念

抵押权是指债务人或者第三人不转移对财产的占有，将该财产抵押给债权人，债务人不履行到期债务或者发生当事人约定的实现抵押权的情形时，债权人有权依法以该财产折价或者以拍卖、变卖该财产的价款优先受偿的权利。

（二）抵押权的设定

抵押权的取得主要通过法律行为获得，但抵押权也可以基于法律行为以外的法律事实获得。基于法律行为取得抵押权的，就是抵押权的设定，抵押权的设定是由双方当事人签订抵押合同，抵押合同应当采用书面形式。设定抵押权属于处分财产的行为，因此，抵押人必须对设定抵押的财产享有所有权或处分权。

（三）抵押物

又称为抵押财产，是指抵押人用以设定抵押权的财产。抵押物是抵押权的标的物。

在债务履行期届满前，抵押权人不得与抵押人约定债务人不履行到期债务时抵押财产归债权人所有。如果双方当事人的抵押合同有这样的条款，该条款（流质条款）无效。流质条款的无效不影响抵押合同其他条款的效力。

1. 抵押财产范围

根据《物权法》规定，下列财产可以作为抵押物：

（1）建筑物和其他土地附着物。地上定着物包括尚未与土地分离的农作物，但当事人以农作物和与其尚未分离的土地使用权同时抵押的，土地使用权部分的抵押无效。

（2）建设用地使用权。第一，以建筑物抵押的，该建筑物占用范围内的建设用地使用权同时抵押。以建设用地使用权抵押的，该国有土地上的房屋同时抵押。第二，如果以建设用地使用权设定抵押的，土地上新增的房屋不属于抵押物。抵押权实现时，可以依法将该土地上新增的房屋与抵押物一同变价，但对新增房屋的变价所得，抵押权人无权优先受偿。第三，乡镇、村企业的建设用地使用权不得单独抵押。以乡镇、村企业的厂房等建筑物抵押的，其占用范围内的建设用地使用权一并抵押。

（3）以招标、拍卖、公开协商等方式取得的荒地等土地承包经营权。并非所有的土地承包经营权都可以成为抵押权的客体，只有以招标、拍卖、公开协商等方式取得的荒地等土地承包经营权才可以成为抵押权的客体。

（4）生产设备、原材料、半成品、产品。

（5）正在建造的建筑物、船舶、航空器。

（6）交通运输工具。

（7）法律、行政法规未禁止抵押的其他财产。

2. 禁止抵押财产

根据《物权法》的规定，下列财产不得抵押：

（1）土地所有权。在我国，土地归国家所有和集体所有，不能成为私人财产，不得抵押。

（2）耕地、宅基地、自留地、自留山等集体所有的土地使用权，但是法律规定可以抵押的除外。

（3）学校、幼儿园、医院等以公益为目的的事业单位、社会团体的教育设施、医疗卫生设施和其他社会公益设施。

（4）所有权、使用权不明或者有争议的财产。

（5）依法被查封、扣押、监管的财产。

（6）法律、行政法规规定不得抵押的其他财产。

3. 抵押登记

（1）登记是抵押权的设立条件。根据《物权法》的规定，如果以建筑物和其他土地附着物，建设用地使用权，以招标、拍卖、公开协商等方式取得的荒地等土地承包经营权，正在建造的建筑物这四种财产设定抵押的，应当办理抵押物登记，抵押权自登记之日起设立。

（2）登记为对抗第三人的效力。当事人以《物权法》规定的生产设备、原材料、半成品、产品，正在建造的船舶、航空器、交通运输工具设定抵押，或者以《物权法》规定的动产设定抵押，抵押权自抵押合同生效时设立。未经登记，不得对抗善意第三人。

（四）抵押权的效力

抵押权的效力主要体现为抵押关系当事人的权利义务：

1. 抵押人的权利

（1）抵押物的占有权。抵押设定以后，除法律和合同另有约定以外，抵押人有权继续占有抵押物，并有权取得抵押物的孳息。

（2）抵押物的收益权。抵押权设定以后，由于抵押物仍然归抵押人占有，因此抵押人有权将抵押物出租。

（3）抵押物的处分权。抵押设定以后，抵押人并不丧失对抵押物的所有权，抵押人有权将抵押物转让给他人，但抵押人处分财产的权利受到一定的限制。

（4）设定多项抵押的权利。抵押人可以就同一抵押物设定多个抵押权。在同一抵押物上有数个抵押权时，各个抵押权人应按照法律规定的顺序行使抵押权。

2. 抵押权人的权利

（1）保全抵押物。在抵押期间，抵押权人虽未实际占有抵押物，但法律为了抵押权人的利益，赋予其保全抵押物的权利。如果抵押物受到抵押人或第三人的侵害，抵押权人有权要求停止侵害、恢复原状、赔偿损失。如果因抵押人的行为使抵押物价值减少，抵押权人有权要求抵押人恢复抵押物的价值，或者提供与减少的价值相当的担保。

（2）放弃抵押权或者变更抵押权的顺位。《物权法》规定，抵押权人可以放弃抵押权或者抵押权的顺位。抵押权人与抵押人可以协议变更抵押权顺位以及被担保的债权数额等内容，但抵押权的变更，未经其他抵押权人书面同意，不得对其他抵押权人产生不利影响。

（3）优先受偿权。在债务人不履行债务时，抵押权人有权以抵押财产折价或者以拍卖、变卖抵押物的价款优先于普通债权人受偿。抵押物折价或者拍卖、变卖该抵押物的价款不足清偿债权的，不足清偿的部分由债务人按普通债权清偿。

（五）抵押权的实现

1. 抵押权担保范围

担保物权的担保范围包括主债权及其利息、违约金、损害赔偿金、保管担保财产和实现担保物权的费用。当然，当事人另有约定的，按照约定。如果债务人不履行到期债务或者发生当事人约定的实现抵押权的情形，抵押权人可以与抵押人协议以抵押财产折价或者以拍卖、变卖该抵押财产所得的价款优先受偿。抵押物折价或者拍卖、变卖所得的价款，当事人没有约定的，清偿顺序如下：（1）实现抵押权的费用；（2）主债权的利息；（3）主债权。抵押物不足清偿的债权由债务人清偿。

在抵押物灭失、毁损或者被征用的情况下，抵押权人可以就该抵押物的保险金、赔偿金或者补偿金优先受偿；如抵押权所担保的债权未届清偿期，抵押权人可以请求人民法院对其采取保全措施。

2. 多个抵押权并存时的清偿顺序

同一财产向两个以上债权人抵押的，拍卖、变卖抵押物所得的价款按照以下规定清偿：

（1）抵押权已登记的，按照登记的先后顺序清偿；顺序相同的，按照债权比例清偿。如果当事人同一天在不同的法定登记部门办理抵押物登记的，视为顺序相同。因登记部门的原因导致抵押物进行了连续登记的，以第一次登记的时间为准确定抵押顺序。

（2）抵押权已登记的先于未登记的受偿。

（3）抵押权未登记的，按照债权比例清偿。

（4）顺序在先的抵押权与该财产的所有权归属一人时，该财产的所有权人可以以其抵押权对抗顺序在后的抵押权。

（5）顺序在后的抵押权所担保的债权先到期的，抵押权人只能就抵押物价值超出顺序在先的抵押担保债权的部分受偿。

3. 与其他物权并存时的清偿顺序

当抵押权与其他物权并存时，也存在位序问题：

（1）抵押权与质权并存。同一财产法定登记的抵押权与质权并存时，抵押权人优先于质权人受偿。

（2）抵押权与留置权并存。同一财产抵押权与留置权并存时，留置权人优先于抵押权人受偿。

（3）抵押权与其他权利并存。

三、质权

（一）质权概述

质权是指债务人或者第三人将其动产或权利移交债权人占有，将该财产作为债的担保，当债务人不履行债务或者发生当事人约定的实现抵押权的情形时，债权人有权依法以该财产变价所得优先受偿。

质押权是一种担保物权，因此同样具备担保物权的特征，即从属性、不可分性、物上代位性。

质权的设定必须移转质物的占有；抵押权的设定不要求移转抵押物的占有。

由于抵押权设定不移转占有，因此，抵押人可以继续对抵押物占有、使用、收益；由于质押移转标的物的占有，因此，质押人虽然享有对标的物的所有权，但不能直接对质押物进行占有、使用、收益。

质押分为动产质押与权利质押。

（二）动产质押

动产质押是指债务人或者第三人将其动产移交债权人占有，以该动产作为债的担保，在债务人不履行债务或者发生当事人约定的实现质权的条件时，债权人依法有权以该动产折价或者拍卖、变卖该动产的价款优先受偿。

1. 动产质押的设定

（1）当事人必须订立书面质押合同。设定动产质押，出质人和质权人应当以书面形式订立质押合同。根据《物权法》的规定，质押合同是诺成合同，原则上自双方当事人意思表示一致时成立。质物占有的移转不是合同的生效要件。

（2）出质人必须交付质物转移占有。质权自质物移交给质权人占有时设立。因此，只有出质人将出质的动产移交以债权人占有，债权人才能取得质权。出质人以间接占有的财产出质的，书面通知送达占有人时视为移交。和抵押合同一样，质权人在债务履行期届满前，不得与出质人约定债务人不履行到期债务时质押财产归债权人所有。

(3) 动产质权的善意取得。各国法律大都承认质权人的善意取得。我国《物权法》第106条第3款规定，当事人善意取得其他物权的，参照前两款规定。

2. 动产质押的标的

动产质押以动产为标的，土地、房屋、桥梁以及建设用地使用权等属于不动产及其用益物权，不得出质。但涉及不动产的收费权等，可以作为应收账款而纳入权利质押的客体。

3. 动产质押的效力

（1）动产质押设立后，在主债务清偿以前，质权人有权占有质物，并有权收取质物所生的孳息，质权人收取孳息，并非取得孳息所有权，而是将孳息作为质押标的；质权人有权在质物上设立新质权及进行转质的权利，质权人在质权存续期间，为担保自己的债务，经出质人同意，以其所占有的质物为第三人设定质权的，应当在原质权所担保的债权范围之内，超过的部分不具有优先受偿的效力。

（2）质权人应妥善保管质物；不得擅自使用处分质物；债务人或出质人提前清偿所担保的债权的，质权人应当返还质押财产。

（3）出质人虽然将质物转移占有于质权人，但是质权的设定并不转移质物的所有权，出质人作为质物的所有人，依然享有质物的处分权；出质人有权请求及时行使质权；已履行担保责任的出质人，有权向债务人追偿；出质人有权行使债务人的抗辩权，包括迟延履行的抗辩、消灭时效的抗辩。

（4）出质人要履行质物瑕疵造成质权人的损害赔偿义务及支付必要保管费的义务。

（三）权利质押

权利质押是指以可转让的权利为标的物的质权。法律将权利质押与动产质押共同规定在质押中，仅就权利质押作了一些特殊规定，对于权利质押的一般问题，法律规定直接适用动产质押的有关规定。

根据《物权法》的规定，可以作为权利质押的权利有：（1）汇票、支票、本票；（2）债券、存款单；（3）仓单、提单；（4）可以转让的基金份额、股权；（5）可以转让的注册商标专用权、专利权、著作权等知识产权中的财产权；（6）应收账款；（7）法律、行政法规规定可以出质的其他财产权利。

四、留置

（一）留置权概述

留置权是指债权人合法占有债务人的动产，在债务人不履行到期债务时，债权人有权依法留置该财产，并有权就该财产享有优先受偿的权利。

留置权其有如下特征：（1）留置权属于担保物权，因此具有担保物权的从属性、不可分性和物上代位性等特征。（2）留置权属于法定的担保物权。留置权的产生不是依据当事人之间的约定，而是在符合法律规定的条件时产生。但当事人可以通过合同约定排除留置权的适用。

（二）留置权的成立条件

1. 留置权的主体必须是债权人。只有债权人才能依据法律和合同的规定占有债务人的财产，并在债务人不履行债务时，依法留置债务人的财产。

2. 债权人合法占有债务人的动产。债权人的占有必须合法，因此，动产如果是因侵权行为而占有的，不能产生留置权。原则上动产应当属于债务人所有，但根据《物权法》和《担保法司法解释》的规定，留置权可以善意取得，即如果债权人合法占有债务人交付的动产时，不知债务人无权处分该动产的，债权人仍可以行使留置权。

3. 占有的动产与债权属于同一法律关系。《物权法》规定，债权人留置的动产，应当与债权属于同一法律关系，但企业之间留置的除外。

4. 债务已届清偿期，且债务人未按规定期限履行义务。

5. 留置不得违反法律规定或者当事人的明确约定。

（三）留置权的内容

留置权人在占有留置物期间内，除了留置物本身以外，留置权的效力还及于从物、孳息和代位物。根据《物权法》规定，留置的财产为可分物的，留置物的价值应当相当于债务的金额。留置物为不可分物的，留置权人可以就其留置物的全部行使留置权。

1. 留置标的物

债权人在其债权没有得到清偿时，有权留置债务人的财产，并给债务人确定一个履行期限。根据《物权法》的规定，该履行期限应当为两个月以上。自留置开始之时起，留置权人享有收取留置物孳息的权利。留置权的标的物首先包括留置财产本身，并及于标的物的全部，包括从物、孳息和代位物。

2. 留置权担保债权范围

留置权担保的债权范围包括主债权、利息、违约金和损害赔偿金、留置物保管费用、留置权实现费用。

3. 优先受偿

债务人超过规定的期限仍不履行其债务时，留置权人可依法以留置物折价或拍卖、变卖所得价款优先受偿。留置财产折价或者拍卖、变卖后，其价款超过债权数额的部分归债务人所有，不足部分由债务人清偿。同一动产上已设立抵押权或者质权，该动产又被留置的，留置权人优先受偿。

第七节　占有制度

引例：

甲在生前借用乙的自行车，未及返还，甲即去世。其继承人丙并不知道甲遗留的自行车系他人的财产，遂作为遗产继承，并在上下班或业余时间使用。一年后，乙要求丙返还自行车，并赔偿因其使用给自行车造成的磨损，丙表示拒绝。

根据《物权法》占有制度分析，占有人返还自行车时，是否对占有期间占有物的损失进行赔偿？

案例解析：

本案中，丙通过继承拥有自行车，并在上下班或业余时间使用，丙对其父甲的自行车实属乙所有是一无所知的，依此可以推知丙是善意占有人。但是，当权利人乙明确告知丙，自行车属于乙，要求丙返还，丙拒绝返还时，此时丙从善意占有人变更为恶意占有人。

对于乙主张的自行车磨损损失，《物权法》第 242 条规定，占有人因使用占有的不动产或者动产，致使该不动产或者动产受到损害的；恶意占有人应承担赔偿责任。本案中丙在乙没有明示其为自行车所有人并要求返还自行车前属于善意占有人，就其使用乙的自行车给自行车造成的磨损，无须向乙承担赔偿责任；但在乙向丙要求返还原物时，丙就从善意占有人转化为恶意占有人，从乙主张权利时，丙就应对占有物的磨损向乙承担赔偿责任。

一、占有制度概述

1. 占有概念

占有是一种事实状态，这种事实状态就是指民事主体对物的一种事实上的控制。占有制度全面体现了占有的功能，既有利于保护公民的各类财产，也有利于加强交易安全的保护。

2. 占有的分类

（1）有权占有和无权占有。有权占有是指基于法律和合同的规定而享有对某物进行占有的权利。合法的原因或根据，称为权源或本权。无本权的占有即无权占有。

（2）善意占有和恶意占有。善意占有是指无权占有人在占有财产时，不知或不应当知道其不具有占有权利而仍然占有该财产。恶意占有是指无权占有人在占有他人财产时，明明知道或者应当知道其占有行为属于非法仍然继续占有。

（3）直接占有和间接占有。直接占有是指基于一定的占有意图而对物进行事实上的控制和支配。间接占有是指并不直接占有某物，但可以依据一定的法律关系而对物进行事实上的管领和控制。

（4）自主占有和他主辅助。自主占有是指占有人以将占有物据为己有的意思而对该物进行占有。他主占有是指占有人非以所有人的意思而进行占有。

二、占有制度的功能

1. 维护秩序功能。通过占有的保护，防止私人滥用暴力，随意抢夺或妨害占有人的占有，从而维护社会财产秩序和社会安全。

2. 保护功能。当占有受到侵害或妨害时，无论占有人是有权占有还是无权占有，法律均应对占有人加以保护。

3. 公示功能。这是指表彰本权的功能。

4. 权利推定功能。这是指占有某项动产之人，法律依次事实推定其对该动产享有某种权利。

第三章　专利法

第一节　概述

引例：

“哈佛鼠”又叫“肿瘤鼠”，它是哈佛大学两位科学家在20世纪80年代通过转基因技术培育出来的一种老鼠。由于该老鼠易患癌症，因此具有重大的科学和医学研究价值。欧盟各国、美国等已先后批准授予“哈佛鼠”专利权。

1993年，加拿大知识产权办公室在审核“哈佛鼠”在加拿大的专利权时裁定，“哈佛鼠”作为老鼠不能被授予专利，但哈佛大学可以获得易致癌基因及相关试验的专利权。这一裁定引起哈佛大学的不满。但加拿大专利申诉委员会和联邦法院均维持了加拿大专利办公室的裁决。到2000年8月，加拿大联邦上诉法院又以2∶1的表决结果，裁定“哈佛鼠”可以获得专利权。不过联邦上诉法院的判决也没有让人信服，关于“哈佛鼠”的官司一路打到加拿大联邦最高法院。2002年12月5日，“哈佛鼠”可否获得专利案最终由加拿大联邦最高法院作出判决。判决认为专利法中所使用的制程、机器与构成物质等概念并不能涵盖高等生物本身。使加拿大成为西方国家中唯一没有给哈佛鼠授予专利的国家。

对哈佛大学来说，专利意味着财富。对加拿大科学界来说，专利意味着科研经费。宗教界担心授予“哈佛鼠”专利会引起伦理和道德上的混乱。环保界则担心转基因技术会给自然界带来灾难。他们担心某种转基因动植物融入自然界的动植物中后，会改变物种的平衡；他们更担心一个物种平衡的破坏会带来“多米诺骨牌”一样的效应，从而改变整个自然界。

“哈佛鼠”在我国能够获得专利权吗？为什么？

案例解析：

动植物品种可以分为天然生长和人工培育两种。自然界生长的动植物不是人类智力成果的产物，而专利法的重点在于鼓励创新，因此不能对动植物新品种授予专利权。经过人工培养的动植物新品种虽然是人类智力劳动的产物，但是任何一种动植物新品种的培育都必须经过较长的时间，并且经过好几代的筛选才能够获得显著性、稳定性和一致性。因此，我国的专利法暂时没有授予动植物新品种以专利权。

1997年3月20日，国务院发布了《中华人民共和国植物新品种保护条例》，该条例第1条明确规定，“保护植物新品种权，鼓励培育和使用植物新品种，促进农业、林业的发展”是本条例制定的目的。在本条例颁布之后，在我国，植物新品种可以根据本条例得到保护。但就动物新品种而言，我国现行的法律法规并没有赋予动物新品种的发明人专利权的规定。相反，《中华人民共和国专利法》（以下简称《专利法》）第25条规定，对于动物新品种，不授予专利权。

“哈佛鼠”的权利人所主张的权利是典型的动物新品种的专利权，根据我国专利法的规定，专利法暂时不保护动物新品种，因此，“哈佛鼠”在我国现阶段不可能被授予专利权。依据《专利法》第25条的规定，暂时不授予动植物新品种以专利权，但是，对于动物新品种的生产方法，可以依照专利法的规定授予专利权。

一、专利和专利法

专利是指受专利法保护的发明创造。一般包括发明、实用新型和外观设计三种专利。专利权是指由国家专利机关授予发明人、设计人或其所属单位在一定期限内对某项发明或设计享有的专有权。

专利法是指调整因发明创造而引起的，专利关系人之间，在支配和使用该发明创造时所产生的各种社会关系的法律规范的总称。我国《专利法》1985年4月1日实施，经过1993年、2000年、2008年三次修正。

二、专利权主体

专利权的主体即专利权人，是指有权提出专利申请并取得专利权的人，享有专利权的单位和个人统称为专利权人。

1. 发明人或设计人

这里的“人”均指自然人。他们是直接参加发明创造活动的人，应排除在发明创造过程中只负责组织管理工作或者是为物质条件的利用提供方便的人。发明人可以就非职务发明创造申请专利，申请被批准后，该发明人为专利权人。

2. 发明人的单位

职务发明创造申请专利的权利属于单位，申请被批准后，该单位为专利权人。认定专利申请人主体资格的关键在于区分职务发明创造和非职务发明创造。根据《专利法》第6条第1款规定，执行本单位的任务或者主要是利用本单位的物质技术条件所完成的发明创造为职务发明创造。

3. 合法受让人

合法受让人是指依转让、继承方式取得专利权的人，包括合作开发中的合作方、委托开发中的委托方。

4. 外国人

其所属国为巴黎公约成员国、其所属国与我国有专利保护的双边协议、其所属国对我国国民的专利申请予以保护或在中国有经常居所或者营业所的外国人可在我国申请专利。

三、专利权客体

专利权的客体即我国专利法规定的并受到其保护的发明创造，即发明、实用新型和外观设计，在获得专利权保护的情况下，分别称为发明专利、实用新型专利、外观设计专利。

1. 发明。专利法意义上的发明，是指对产品、方法或者其改进所提出的技术方案。发明可以分为产品发明和方法发明两大类。

2. 实用新型。实用新型是指对产品的形状、构造或者其组合所提出的新的技术方案。实用新型与发明的主要区别有，在种类和范围上比发明小得多，只限于有形体的产品。在技术水平上低于发明。

3. 外观设计。外观设计是指对产品的形状、图案、色彩或其组合做出的富有美感的并适用于工业上应用的新设计。外观设计的特点是将美术设计与产品相结合的产物，不涉及产品的实用功能，只是起到美化产品的作用。

违反国家法律、社会公德或妨害公共利益的发明创造，科学发现、智力活动的规则和方法，疾病的诊断和治疗方法，动物和植物品种，用原子核变换方法获得的物质等不授予专利。

第二节 专利权的授予

引例：

公司甲与业余发明人乙订立了一份技术开发协议，约定由乙为甲开发完成一项电冰箱温控装置技术，由甲为乙提供开发资金、设备、资料等，并支付报酬。在约定时间内乙完成了合同约定的任务，并按约定将全部技术资料和权利都交给了甲公司。此外，乙在完成开发任务的过程中，还开发了一项附属技术T，并以自己的名义就技术T申请专利。甲公司知道此事后，认为技术T的专利申请权应归甲公司所有，因此，甲、乙双方就技术**T**的专利申请权归属发生争议。

该技术T的专利申请权应归谁所有？请说明理由。

案例解析：

该业余发明人不属于甲公司的员工，其发明就不能认定为职务发明，而应当认定为委托发明创造。依据《专利法》第8条、《中华人民共和国合同法》（以下简称《合同法》）第339条规定，如果委托人和受托人在协议中有约定的，专利申请权或专利权的归属按约定办理；如果没有约定，上述两项权利归受托人，即乙所有，委托人甲公司在同等条件下有优先受让权。因此，无论是电冰箱温控装置技术本身还是附属技术T的专利申请权和专利权都应归乙所有。

一、授予专利的实质条件

发明创造必须符合专利法规定的实质条件，才能被授予专利权。

（一）新颖性

新颖性是发明、实用新型、外观设计取得专利权均应具备的条件。发明、实用新型的新颖性是指，在申请日以前没有同样的发明或者实用新型在国内外出版物上公开发表过、在国内公开使用过或者以其他方式为公众所知，也没有同样的发明或者实用新型由他人向国务院专利行政部门提出过申请并且记载在申请日以后公布的专利申请文件中。外观设计的新颖性是指，该外观设计同申请日以前在国内外出版物上公开发表过或者国内公开使用过的外观设计不相同和不相近似，并不得与他人在先取得的合法权利相冲突。

丧失新颖性的例外。申请专利的发明创造在申请日以前6个月内，有下列情况之一的，不丧失新颖性：①在中国政府主办或者承认的国际展览会上首次展出的；②在规定的学术会议或者技术会议上首次发表的；③他人未经申请人同意而泄露其内容的。

（二）创造性

创造性是发明、实用新型取得专利权的条件，是指申请专利的技术同申请日以前已有的技术相比，该发明有突出的实质性特点和显著进步，该实用新型有实质性特点和进步。

（三）实用性

实用性是指一项发明或者实用新型必须可在实践中实现并能产生积极的效果。

二、授予专利的程序

（一）专利申请

专利申请文件。申请发明和实用新型专利的应提交请求书、说明书、权利要求书等，申请外观设计专利的应提交请求书、图片或者照片等。

申请文件递交以后，申请人可以对其进行修改。但是修改的内容和范围受到一定限制，对发明和实用新型专利申请文件的修改不得超出原说明书和权利要求书记载的范围，对外观设计专利申请文件的修改不得超出原照片或者图片表示的范围。

（二）专利的申请原则

1. 申请原则

（1）书面原则。申请专利的各种申请文件和各项手续，都应当以书面形式或国务院专利行政部门规定的其他形式办理，否则不产生效力。书面申请原则是各国普遍采用的一项原则。各国专利局对专利申请过程中应该提交的文件和履行的手续都有严格的形式要求，一般都有专门的表格，甚至在写作方式上都有专门的规定。

（2）先申请原则。同样的发明创造只能授予一项专利权。如果两个以上的申请人分别就同样的发明创造申请专利，专利权授予最先申请的人，即为先申请原则。

（3）先发明原则。所谓先发明原则，是指将专利权授予若干个申请人中第一个发明人。

（4）单一性原则。单一性原则是指一件专利申请只限于一项发明创造。

一件外观设计专利申请应当限于一项外观设计。然而，同一产品两项以上的相似外观设计，或者用于同一类别并且成套出售或者使用的产品的两项以上的外观设计，可以作为一件申请提出。“成套出售或者使用的产品”是指如成套餐具中的碗、碟子、勺子等。

（5）优先权原则。优先权是指专利申请人第一次提出专利申请后，在法定期限内，又就相同主题的发明创造提出专利申请的，该在后申请被视为是在第一次提出申请的日期提出的。

优先权有国际优先权和国内优先权之分。国际优先权是指申请人自发明或者实用新型在国外第一次提出专利申请之日起 12 个月内，或者自外观设计在国外第一次提出专利申请之日起 6 个月内，又在中国就相同主题提出专利申请时享有的优先权。国内优先权是指申请人自发明或者实用新型在中国第一次提出专利申请之日起 12 个月内，又向国务院专利行政部门就相同主题提出专利申请时享有的优先权。

2. 申请专利时应提交的有关法律文件

包括：（1）请求书；（2）说明书；（3）权利要求书，它是申请文件中至关重要的部分，也是核心部分，它以说明书为依据，说明要求专利保护的范围；（4）摘要。

依赖遗传资源完成的发明创造，申请人应当在专利申请文件中说明该遗传资源的直接来源和原始来源。申请人无法说明原始来源的，应当陈述理由。

3. 专利申请日

专利申请日是专利局收到完整专利申请文件的日期。如果专利申请文件是通过邮局邮寄的，以寄出的邮戳日为申请日，邮戳日不清晰的，除当事人能够提供证明的外，以专利局收到专利申请文件的日期为专利申请日。有优先权的，优先权日为申请日。

三、专利申请的审批

（一）专利申请审批制度

专利申请审查制度包括：形式审查制度，又称登记制；实质审查制度；延迟审查制度，又称请求审查制或早期公开、延迟审查制。

实用新型和外观设计专利申请，经初步审查没有发现驳回理由的，专利行政部门即做出授予实用新型专利权或外观设计专利权的决定，发给相应的专利证书，同时予以登记和公告。实用新型专利权和外观设计专利权自公告之日起生效。

发明专利申请在初步审查后还需经过实质审查，实审没有发现驳回理由的，由国务院专利行政部门做出授予发明专利权的决定，发给发明专利证书，同时予以登记和公告。发明专利权自公告之日起生效。

（二）发明专利审批程序

我国对发明专利申请采用早期公开、延迟审查制度。程序如下：（1）初步审查。（2）早期公开。（3）实质审查。实质审查主要是应申请人的要求而进行的。

四、专利权的期限、终止和无效

（一）专利权的期限

专利的期限是指专利权的时间效力。专利权的时间性特点，决定了专利权有严格的时间限制。专利权人对其发明创造所享有的独占权，仅在法律规定的期限内受到法律的保护。

（二）专利权的终止

1. 期限届满的正常终止。

2. 期限届满前的提前终止。提前终止的原因：专利权人没有按期缴纳年费；专利权人以书面声明放弃专利权。

专利权终止应由国务院专利行政部门登记和公告。

（三）专利权的无效。

自国务院专利行政部门公告授予专利权之日起，任何单位或者个人认为该专利权的授予不符合《专利法》有关规定，可以请求专利复审委员会宣告该专利权无效。

第三节 专利权的内容

一、专利权人的权利

（一）独占实施权

发明或实用新型专利权被授予后，任何单位或个人未经专利权人许可，都不得实施其专利，即不得为生产经营目的制造、使用、许诺销售、销售、进口其专利产品，或者使用专利方法以及使用、许诺销售、销售、进口依照该专利方法直接获得的产品。外观设计专利权被授予后，任何单位和个人未经专利权人许可，都不得实施其专利，即不得为生产经营目的制造、销售、进口其外观设计专利产品。

上述制造权、使用权、许诺销售权、销售权、进口权构成了专利权人的一项最基本的权利，即独占实施权。

（二）转让权

转让是指专利权人将其专利权转移给他人所有。专利权转让的方式有出卖、赠与、投资入股等。转让专利权的，当事人应当订立书面合同，并向国务院专利行政部门登记，由国务院专利行政部门予以公告。专利权的转让自登记之日起生效。

（三）实施许可权

实施许可是指专利权人许可他人实施专利并收取专利使用费。许可他人实施专利的，应当订立书面合同。该合同为技术合同，由《合同法》调整。

二、专利权人的义务

专利权人的主要义务是缴纳专利年费。专利年费是为了维持专利权的效力，由专利权人逐年向专利局缴纳的费用。专利权人应当自被授予专利权的当年开始缴纳年费。专利权人不缴纳年费或者缴纳数额不足的，可能导致专利权终止。

三、专利权的期限

发明专利权的期限为20年，实用新型专利权、外观设计专利权的期限为10年，均自申请日起计算。此处的申请日是指向国务院专利行政部门提出专利申请之日。

四、专利权的限制

（一）专利实施的强制许可

强制许可也称非自愿许可，是指国家专利主管机关，根据法定事实，不经专利权人许可，允许他人实施发明或者实用新型专利。专利法规定了三种情况下的强制许可：不实施时的强制许可；公共利益目的的强制许可；从属专利的强制许可。

取得实施强制许可的单位或者个人不享有独占的实施权，无权许可他人实施。强制许可实施是有偿的，被许可人应当向专利权人支付合理的使用费，其数额由双方协商，双方不能达成协议的，由国务院专利行政部门裁决。

（二）不视为侵犯专利权的行为

1. 专利权用尽。专利权人自己或者许可他人制造、进口的专利产品售出后，任何人使用、许诺销售或者销售该产品的，不再需要经过专利权人的许可，不构成侵犯专利权。

2. 先用权人的实施。在专利申请日以前已经制造相同产品、使用相同方法或者已经做好制造、使用的必要准备的，可以在原有范围内继续制造相同产品、使用相同方法。实施者的这种权利称为先用权。行使先用权的行为，不视为侵犯专利权。

3. 临时过境。外国运输工具临时通过我国领陆、领水或领空，为运输工具其自身需要在装置和设备中使用有关专利的，无须得到我国专利权人的许可，不构成专利侵权。

4. 为科学研究而使用。专为科学研究和实验目的，使用专利产品或者专利方法的，不构成专利侵权。

《专利法》第62条规定，在专利侵权纠纷中，被控侵权人有证据证明其实施的技术或者设计属于现有技术或者现有设计的，不构成侵犯专利权。

第四节 专利权的保护

引例：

甲厂2006年研制出一种N型高压开关，于2007年1月向中国专利局提出专利申请，2008年5月获得实用新型专利权。乙厂也于2006年7月自行研制出这种N型高压开关。乙厂在2006年底前已生产了80台N型高压开关，2007年3月开始在市场销售。2007年乙厂又生产了70台N型高压开关。2008年初，甲厂发现乙厂销售行为后，遂与乙厂交涉，但乙厂认为自己的行为不构成侵权。

请问乙厂是否侵犯了甲的专利权？为什么？

案例解析：

不构成侵权。虽然甲厂是专利申请方，但乙厂有证据证明在甲厂申请专利之前已经开始研制或开发与其专利相同或相似产品的，可以在甲厂申请专利成功之后，在原有范围内继续自行生产载有与甲厂所申请之专利相同专利的产品，但是仅限于在原有开发研究范围内继续生产。

一、专利权的内容

广义的专利权是指自专利申请提交后所享有的一切权利，包括独占权、许可实施权、转让权和标志权。

狭义的独占权包括：

（1）制造权：是指专利权人拥有自己生产制造专利文件中记载的专利产品的权利。

（2）使用权：包括对专利产品的使用权和专利方法的使用权。非经专利权人的许可，任何人不得使用其专利产品或使用其专利方法。

（3）销售权：销售专利产品及销售用专利方法制造的产品的权利。

（4）许诺销售权：禁止他人进行销售前的推销或促销的权利。

（5）进口权：是指进口由专利技术构成的产品或进口包含专利技术产品或进口由专利方法直接获得的产品的权利。

二、专利侵权行为

（一）专利侵权

专利侵权行为是指在专利权的有效期内，未经专利权人许可，以生产经营为目的实施专利的行为。根据《专利法》第11条、第58条的规定，专利侵权行为的几种表现形式有：制造专利产品；使用专利产品、使用专利方法以及使用依照该专利方法直接获得的产品；许诺销售和销售专利产品以及许诺销售和销售依专利方法直接获得的产品；进口专利产品或进口依照专利方法直接获得的产品以及假冒他人专利。

（二）专利侵权纠纷种类

1. 直接侵权：直接制造、使用、销售、许诺销售、进口他人专利产品及使用他人专利方法，以及使用、销售、许诺销售、进口依他人专利方法制造的产品。

2. 间接侵权：鼓励或诱使别人实施侵害专利权的行为。

3. 善意侵权：善意使用或销售以及许诺销售他人专利产品或使用他人专利方法以及使用、销售或许诺销售依他人专利方法制造的产品的构成侵权但不负赔偿责任。

（三）专利侵权行为的法律责任

1. 民事责任

当侵权行为给专利权人造成实际损失时，侵权人应当向专利权人赔偿损失。赔偿数额可按以下方式计算：

（1）按照专利权人因被侵权所受到的损失作为赔偿额；

（2）按照侵权人因侵权行为获得的利益作为赔偿额；

（3）参照该专利许可使用费的倍数合理确定。

以上 3 种计算方法，由人民法院根据案情或专利权人的意愿，选择适用其中的一种。

2. 刑事责任

《专利法》规定了 3 种行为构成犯罪：一是假冒专利罪；二是专利工作人员徇私枉法罪；三是发明人未经批准，擅自向国外申请专利泄露国家重要机密罪。与《专利法》保护关系最为直接的就是假冒专利罪。

依据我国《专利法》的规定，专利权人有权在其专利产品或者改产品的包装上标明专利标记和专利号，这是专利权人的标记权。如果他人未经专利权人许可，在非专利产品上或其包装上标明专利标记或专利号就是假冒他人专利的侵权行为，情节严重的就构成假冒他人专利罪。根据《中华人民共和国刑法》（以下简称《刑法》）第 216 条的规定，处 3 年以下有期徒刑或者拘役，并处或者单处罚金。

第四章　商标法

第一节　概述

一、商标的概念及作用

（一）商标的概念

商标是指商品生产者、销售者或者有偿服务的提供者为了使其生产、销售的商品或者提供的服务，在市场上与其他生产者、销售者生产、销售的同类商品或者其他服务提供者所提供的同类服务相区别而使用的一种标记。《中华人民共和国商标法》（以下简称《商标法》）第8条规定，声音可作为商标申请注册。根据不同的标准，商标可分类为：

1. 平面商标和立体商标。前者是指以文字、图形或者文字、图形组合而成的标志。后者是指以商品形状或者其容器、包装的形状构成的三维标志。

2. 注册商标和未注册商标。注册商标是商标法保护的对象，其所有人享有商标专用权。未注册商标可以自行在市场上使用，但其使用人不享有商标专用权，一般情况下，无权禁止他人使用相同商标，也无权阻止他人就相同商标提出注册申请。

3. 商品商标和服务商标。服务商标是提供服务的经营者在其向社会提供的服务项目上使用的标记，也称为服务标记。

4. 集体商标和证明商标。集体商标是指以工商业团体、协会或者其他组织名义注册，供该组织成员在工商业活动中使用，以表明使用者在该组织中的成员资格的标志。证明商标是指由对某个具体商品或者服务有检测和监督能力的组织注册，而由注册人以外的人使用于其商品或者服务，用以证明该商品或者服务的原产地、原料、制造方法、质量或者其他特定品质的标志。

（二）商标是商品和商业服务的标记

它是商品生产者或经营者用以标明自己所生产或销售的商品和商业服务者用以标明自己所提供的服务，与其他人生产或销售的同类商品和提供的同类服务相区别的标记。我国《商标法》第8条规定，任何能够将自然人、法人或者其他组织的商品与他人的商品区别开的可视性标志，包括文字、图形、字母、数字、三维标志和颜色组合，以及上述要素的组合，均可以作为商标申请注册。

二、商标的种类

（一）按照商标的构成分类

1. 平面商标。平面商标是由文字、图形、字母、数字和颜色组合，以及上述要素组合而成的商标。

2. 立体商标。立体商标是由三维标志构成的商标，如麦当劳的金色拱门标志、咸亨酒店门前的孔乙己雕像等都属立体商标。

（二）按商标的作用分类

1. 联合商标。联合商标是指商标权人在同种或类似商品上注册若干个相近似的商标。

2. 防御商标。防御商标是指商标权人在不同商品或服务上注册相同商标。

（三）按商标的使用对象分类

1. 商品商标。商品商标是指用在商品或其外包装上的商标。

2. 服务商标。服务商标是指用在服务行业的商标。服务商标的使用和法律保护均晚于商品商标。我国从 1993 年 7 月 1 日起开始受理服务商标注册申请。

3. 集体商标。集体商标是指以团体、协会或者其他组织名义注册，供该组织成员在商事活动中使用，以表明其身份的标志。

4. 证明商标。证明商标是指由某种商品或服务具有监督能力的组织所控制，而由该组织以外的单位或个人用于其商品或服务，用以证明商品或服务的原产地、原料、制造方法、质量或者其他特定品质的标志，如国际羊毛局的“纯羊毛”标志、农业部管理下的“绿色食品”标志等。

（四）按商标的信誉分类

1. 驰名商标。驰名商标是指在市场上享有较高声誉并为公众所熟知的注册商标。1996 年 8 月 14 日，中国国家工商行政管理局发布了《驰名商标认定和管理暂行规定》，从此对驰名商标的保护进入了法制化轨道。

根据《商标法》第 14 条规定，认定驰名商标应当考虑下列因素：①相关公众对该商标的知晓程度；②该商标使用的持续时间；③该商标的任何宣传工作的持续时间、程度和地理范围；④该商标作为驰名商标受保护的记录；⑤该商标驰名的其他因素。

2. 优质产品商标。优质产品商标是指在某一地域范围内为相关公众所熟知的注册商标。

3. 普通商标。普通商标是指驰名商标、优质产品商标以外的商标。

（五）按商标是否注册分类

注册商标是指经过商标注册管理机关依法核准注册的商标，非注册商标是指未履行商标注册手续而直接使用的商标。尽管法律允许使用非注册商标，但非注册商标不享有专用权。非注册商标的使用一旦与他人注册商标构成混同，就可能构成侵权。

三、商标禁止使用的文字、图形

（一）禁止使用的文字和图形

我国《商标法》第 10 条规定了商标禁止使用的文字、图形。这些文字、图形作为注册商标和非注册商标都是禁止使用的。这些文字、图形包括：

1. 同中华人民共和国的国家名称、国旗、国徽、军旗、勋章相同或者近似的，以及同中央国家机关所在地特定地点的名称或者标志性建筑物的名称、图形相同的。

2. 同外国的国家名称、国旗、国徽、军旗相同或者近似的，但该国政府同意的除外。

3. 同政府间国际组织的旗帜、徽记、名称相同或者近似的，但经该组织同意或者不易误导公众的除外。

4. 与表明实施控制、予以保证的官方标志、检验印记相同或近似，但经授权的除外。

5. 同“红十字”等国际卫生组织的名称、标志相同或者近似的。

6. 带有民族歧视性的。

7. 夸大宣传并带有欺骗性的，如“绿色”卷烟、“金牌”火腿肠等均属此类。

8. 有害于社会主义道德风尚或者有其他不良影响的。

（二）禁止使用的行政区划地名及外国地名

县级以上行政区划的地名或者公众知晓的外国地名，不得作为商标。但是地名具有其他含义或者作为集体商标、证明商标组成部分的除外，已经注册使用的地名商标继续有效。此外，下列标志也不得作为商标注册：① 仅有本商品的通用名称、图形、型号的。② 仅直接表示商品的质量、主要原料、功能、用途、重量、数量及其他特点的。③ 缺乏显著特征的。

上述 3 种标志经过使用取得显著特征，并便于识别的，可以作为商标注册。以三维标志申请注册商标的，仅由商品本身的性质产生的形状，为获得技术效果而需要的商品形状或者使商品具有实质性价值的形状，不得注册。

四、商标权

（一）概念与特征

商标权又称商标专用权，是指商标注册人对其注册商标所享有的权利。它是由国家商标主管机关代表国家依法授予商标注册人并依法受到保护的权利。

商标权的主要特征如下：

1. 专有性。专有性又称独占性或垄断性。商标权的专有性是指商标注册人对其注册商标所享有的权利是专有的，未经注册人许可，任何人都不得利用。

2. 时间性。商标权的时间性是指商标权人对其注册商标所享有的专用权仅在法定的时间内有效，超过这一时间则不再受到法律保护。

3. 地域性。指在一国核准注册的商标，仅在该国领域内受到法律保护，在其他国家则不发生法律效力。

（二）商标权的主体

商标权的主体即商标权人，指对其注册的商标依法享有权利承担义务的商标注册人，包括自然人、法人或者其他组织以及外国企业或外国人。

（三）商标权的客体

商标权的客体是指经国家商标主管部门核准注册的商标，即注册商标。作为商标权客体的商标，必须具备以下条件：必须具备法定的构成要素，文字、图形、字母、数字、三维标志和颜色组合，以及上述要素的组合；必须具备显著特征，便于识别；不得与他人在同一种商品或类似商品上注册的商标相同或近似；不得在类似商品上与他人注册的商标相同；不得在类似商品上与他人注册商标近似；不得使用禁止使用的标志。

（四）商标权的内容

商标权即商标权人所享有的权利，包括：商标专用权；商标转让权，即商标权人有权决定将其注册商标转让给他人所有；商标使用许可权，即商标权人有权许可他人使用自己的注册商标并取得使用费。此外，商标权还可作为遗产由商标权人的继承人予以继承。

（五）商标权的取得与丧失

商标权的取得有两种途径：原始取得，即通过向国家商标主管机关提出商标注册申请，经审查核准而取得；继受取得，即通过接受他人的商标权转让或通过继承商标权而取得。

商标权可能因被注销或撤销而丧失。

第二节　商标注册

引例：

申请人：北京金鼎轩酒楼有限责任公司

被申请人：北京金鼎轩科贸有限公司

争议商标：第1799405号“金鼎轩”商标

（一）当事人主张

申请人的主要理由：1.“金鼎轩”是申请人设计出的文字组合，是在北京地区知名的企业名称及餐饮服务品牌。“金鼎轩”是申请人于1996年改制成立后一直使用和宣传的餐厅商号及服务商标，广为媒体报道，被誉为京城餐饮的代表性品牌。申请人为“金鼎轩”品牌的广告宣传投入了大量的资金，“金鼎轩”商标多年前就已广为公众、特别是北京及周边地区公众熟知。2. 被申请人违反诚实信用原则，损害了申请人在先的企业名称权，同时构成“以不正当手段抢先注册他人已经使用并有一定影响的商标”。“金鼎轩”字号和商标的知名度不可能不知晓，被申请人将“金鼎轩”注册为服务商标，其主观恶意是明显的。3. 被申请人以其企业商号是“金鼎轩”来主张对“金鼎轩”商标的当然权利，是不合理的。4. 被申请人的招商行为正在餐饮行业内制造市场混淆，后果将是十分严重的。

被申请人的主要答辩理由：1. 申请人称“金鼎轩”三字组合具有较强独创性、其在北京地区拥有很高知名度的理由不能成立。申请人的“金鼎轩”商标只是纯印刷体文字组合和鼎状图形为主，不具备商标设计的显著性和独创性，争议商标与其有明显的差异。2. 被申请人未侵犯申请人在先的企业名称权和以不正当手段抢先注册其已经使用并有一定影响的商标的理由不能成立。企业名称不等于商标名称，被申请人以“金鼎轩”为字号，将其注册为商标是正常的商业行为，在申请注册“金鼎轩”之前，并不知道有申请人的存在，更不知晓其为餐厅。3. 被申请人进行广告招商是自己的权利，没有伤害第三方，更没有损害申请人的权益。

（二）商评委审理与裁定

商评委经审理查明，“金鼎轩”作为申请人连锁经营的酒楼字号及其提供的餐饮服务上的商标，通过使用和宣传报道，在1999年以前，在北京地区的相关公众中就已建立起较高的知名度，享有良好的商业信誉，构成《商标法》第31条所指的“已经使用并有一定影响的商标”。被申请人的经营地与申请人相距很近，其反复强调自己“很早就准备涉足餐饮业”，因此属于餐饮行业中的可能经营者，同时基于餐饮服务特有的连锁经营、地域性较强等特点，被申请人对于申请人“金鼎轩”字号及商标的知名度理应知晓。被申请人在明知或应知上述客观事实的情况下，将“金鼎轩”作为商标申请注册，并且在商标注册后，以争议商标面向社会公众招商，其实质是利用申请人的商誉，以收取加盟费和商标使用费的方式牟取利益。

从商标抢注的角度分析被申请人的行为。

案例解析：

本案主要涉及《商标法》第31条“以不正当手段抢先注册他人已经使用并有一定影响的

商标”的构成要件及具体适用。

1. 在先商标已经使用并有一定影响

“已经使用”是对未注册商标提供保护的一个最基本前提，所谓“已经”，是相对于争议（或被异议）商标的申请日期而言的。本案中，申请人提交的大量在争议商标申请注册日期即2001 年 6 月 14 日前的使用证据均可以证明“已经使用”这一事实。

“有一定影响”是指商标在一定的地域范围内为一定范围内的相关公众所知晓。在本案中，申请人提供证据可以证明，在争议商标申请注册前，申请人已经在餐饮服务上使用“金鼎轩”商标已达数年，并进行了广泛的宣传报道，在北京地区相关公众中已经建立了较高的知名度，达到了具有“一定影响”的程度。

2. 被申请人以不正当手段抢先注册

本案中，申请人的“金鼎轩”商标在北京地区具有较高的知名度，以及地理位置上的便利性大大增加了被申请人知悉申请人在先使用“金鼎轩”的可能性。且被申请人获准注册“金鼎轩”商标后，在没有取得餐饮行业经营资格的情况下，利用该商标进行招商。这一系列行为可以推定被申请人在明知或者应知“金鼎轩”商标为他人在先使用并有一定影响的商标，却抢先予以注册，意图利用他人商标已经建立起来的声誉谋取不正当利益，构成“以不正当手段抢先注册他人已经使用并有一定影响的商标”。

一、商标权的取得

在我国，取得商标权的唯一途径是商标注册。商标注册是指商标使用人为取得商标权，将其使用的商标向国家商标主管机关申请，经主管机关审核予以登记备案。

（一）商标注册的原则

1. 申请在先原则。两个以上申请人在同种或类似商品上以相同或近似的商标申请注册时，商标主管机关根据申请时间的先后，决定商标权的归属。如果两个以上人同一日申请的，根据使用在先的事实决定商标权归属。

申请在先以申请日为标准，“申请日”是商标局收到申请书件的日期。申请人享有优先权的，其优先权日为申请日。

2. 自愿注册原则。在通常情况下，商标使用人可自行决定其使用的商标是否申请注册。需要取得商标专用权的应将商标申请注册。但不注册的商标可以使用，只是不享有专用权，也不得与他人的注册商标相冲突。只有人用药品和烟草制品，必须使用注册商标，否则不得在市场上销售。

3. 优先权原则。商标注册申请人自其商标在外国第一次提出商标注册申请之日起 6 个月内，又在中国就相同商品以同一商标提出商标注册申请的，依照该外国同中国签订的协议或者共同参加的国际条约，或者按照相互承认优先权的原则，可以享有优先权。

商标在中国政府主办的或者承认的国际展览会展出的商品上首次使用的，自该商品展出之日起 6 个月内，该商标的注册申请人可以享有优先权。

（二）商标注册程序

申请商标注册的本国申请人可以直接办理，也可以委托商标代理组织办理；外国人或者外国企业在中国申请商标注册或办理其他商标事宜，应当委托国家工商局指定的商标代理组织办理。

商标局收到申请书件后便开始进行商标审查工作，整个审核程序包括审查、公告异议、核准几个阶段。

对商标局做出的决定，申请人或者异议人不服的可以在收到裁定通知之日起 15 天内，向商标评审委员申请复审。当事人对商标评审委员会的裁定不服的，可以自收到通知之日起 30 日内向人民法院起诉。

二、商标注册的申请

商标注册申请遵循一类商品一件商标一份申请的原则，即在同一份申请书中，只允许申报一件商标并限定在同一类别商品上。

申请人应提交的文件：（1）商标注册申请书；（2）委托书；（3）商标图样，申请人必须提供商标图样 10 份及黑白稿 1 份，请求保护颜色的另附着色图样 10 份，并加注指定颜色；（4）有关证明文件。

三、商标注册申请的审查和核准

（一）形式审查。主要是审查该商标注册申请是否具备法定注册条件和手续（申请日以商标局收到申请书件的日期为准。）

（二）实质审查。这是指对所提出注册申请的商标是否具备法定注册条件的审查。具体包括：一是审查是否具有显著性，即是否便于识别；二是审查是否属于《商标法》规定的禁用标志；三是审查是否与他人在同一种商品或类似商品上已注册的商标相同或近似。

（三）初步审定并公告。这是商标注册的必经程序。商标局经审查后认为申请注册的商标符合法定的各项条件，从而做出初步核准的决定，即初步审定。初步审定的商标需以一定的方式公之于众，征询社会公众的意见。

（四）商标异议。对商标局初步审定的商标，自公告之日起 3 个月内，任何人均可以依法提出反对意见，要求撤销该初步审定的商标。

（五）商标复审。对商标局做出的驳回商标注册申请、不予公告的决定不服的，或者对于商标局做出的异议裁定不服的，当事人可以在收到驳回通知或异议裁定书后 15 日内向商标评审委员会申请复审。由商标评审委员会做出裁定，并书面通知异议人和被异议人。当事人对商标评审委员会的裁定不服的，可以自收到通知之日起 30 日内向人民法院起诉。

（六）核准注册。商标局对初步审定的商标，自公告之日起 3 个月内无人提出异议或者经裁定异议不成立的，予以核准注册，发给商标注册证，并予以公告。

商标注册申请人自注册之日起享有商标专用权。

四、商标权的内容

（一）使用权

使用权是指注册商标所有人在核定使用的商品上使用核准注册的商标的权利。商标的使用方式主要是直接使用于商品、商品包装、商品容器，也可以是间接地将商标使用于商品交易文书、商品广告宣传、展览及其他业务活动中。

使用权的效力范围，以核准注册的商标和核定使用的商品为限。

（二）禁止权

禁止权指商标所有人禁止任何第三方未经其许可在相同或类似商品上使用与其注册商标相同或近似的商标的权利。禁止权的效力范围大于使用权的效力范围，不仅包括核准注册的商标、核定使用的商品，还扩张到与注册商标相近似的商标和与核定商品相类似的商品。

（三）许可权

许可权是注册商标所有人许可他人使用其注册商标的权利。商标使用许可关系中，许可人应当提供合法的被许可使用的注册商标，监督被许可人使用其注册商标的商品质量。被许可人应在合同约定的范围内使用被许可商标，保证被许可使用商标的商品质量，以及在生产的商品或包装上应标明自己的名称和商品产地。

（四）转让权

转让权是指注册商标所有人将其注册商标转移给他人所有的权利。转让注册商标，除了由双方当事人签订合同之外，转让人和受让人应共同向商标局提出申请，经商标局核准，并予以公告。未经核准登记的，转让合同不具有法律效力。

（五）商标的续展注册

注册商标的有效期为 10 年，但商标所有人需要继续使用该商标并维持专用权的，可以通过续展注册延长商标权的保护期限。续展注册应当在有效期满前 6 个月内办理；在此期间未能提出申请的，有 6 个月的宽展期。宽展期仍未提出申请的，注销其注册商标。每次续展注册的有效期为 10 年，自该商标上一届有效期满次日起计算。续展注册没有次数的限制。

五、注册商标的撤销

（一）注册不当商标的撤销

注册不当的商标是指违反《商标法》有关禁用标志的规定，或者以欺骗手段或其他不正当手段取得注册的商标。

注册不当商标可分为两种情况：一是商标本身不具备注册条件，违反商标构成的绝对条件，使用了不得作为商标使用的标志，应予以补正。二是因商标注册而侵犯他人合法权益，此种有问题商标违反商标注册的相对条件。

欺骗手段或其他不正当手段：（1）虚构、隐瞒事实真相或者伪造申请书及有关文件进行注册的；（2）违反诚实信用原则，以复制、模仿、翻译等方式，将他人已为公众熟知的商标进行注册的；（3）未经授权，代理人以自己的名义将被代理人的商标进行注册的；（4）侵犯他人合法的在先权利进行注册的；（5）以其他不正当手段取得注册的。

（二）争议商标的撤销

商标注册人认为他人注册的商标与其在同一种或者类似商品上的注册商标相同或者近似，在后注册的商标与在先注册的商标相同或近似，注册在先的商标所有人对注册在后的商标提出反对意见，从而发生商标专用权的争端。

请求撤销相同或近似商标的申请人必须是商标注册人，其商标注册在先。申请撤销的时间为争议商标注册之日起 5 年内。

被撤销的注册不当商标和争议商标，其商标权视为自始即不存在。撤销注册商标的决定或者裁定，对在撤销前人民法院做出并已执行的商标侵权案件的判决或裁定，工商行政管理机关做出并已执行的商标侵权案件的处理决定，以及已经履行的商标转让或者使用许可合同，不具有追溯力。但是，因商标注册人的恶意给他人造成损失的，应当予以赔偿。

商标评审委员会经审理依法做出维持或撤销注册商标的裁定。当事人对商标评审委员会的裁定不服的，可以自收到通知之日起 30 日内向人民法院起诉。人民法院应当通知商标裁定程序的对方当事人作为第三人参加诉讼。

第三节　注册商标的其他规定及商标管理

引例：

韩国七七七株式会社在其生产的指甲刀等产品注册了“777”商标。该公司在上海城隍庙福佑门小商品市场内发现多家商户在销售与“777”注册商标相似的指甲刀产品，涉案产品包装盒上的商标实为“771”，极易造成消费者的混淆。七七七株式会社认为，这些商户未经许可，售卖假冒涉案商标的产品，侵害了该公司的注册商标专用权，给公司造成了较大的经济损失，遂将该市场多家商户告到法院，请求赔偿损失。试分析商户销售“771”商标商品的行为。

案例解析：

根据《商标法》第 57 条第 3 款，商户的销售行为属于商品流通环节中的一种商标侵权行为。商户销售的被控侵权产品与涉案商标核定使用商品属相同或类似商品，被控侵权产品标注的“771”及图与“777”高度近似，极易使相关公众误认而对产品来源产生混淆，因此属于侵犯注册商标专用权的行为。

一、注册商标的有效期及其续展

我国《商标法》第 23 规定，注册商标的有效期限为十年，自核准注册之日起计算。该法第 24 条又规定，注册商标有效期满，需要继续使用的应当在期满前 6 个月内申请续展注册，在此期间未能提出申请的，可以给予 6 个月的宽展期；宽展期满仍未提出申请的，注销其注册商标。

二、注册商标的变更

商标专用权人在使用注册商标的过程中，因情况变化，需要对原注册商标加以部分改动，并报经商标局核准注册的程序称为注册商标的变更。

（一）变更注册商标的情形

1. 变更商标注册人的名称

商标注册人的名称是商标注册的重要事项。商家恢复了老字号或是启用了新名称、企业改变了称谓等，就要及时办理变更注册手续，否则就会影响商标注册人权利的保护。

2. 变更商标注册人的地址

商标注册人的地址是商标注册的另一项重要内容，是商标管理机关需要掌握的重要栏目。企业搬迁，改变了原地址，要及时申报变更，否则会给商标管理机关的管理工作带来不便，使有关书件无法送达。

3. 变更注册商标核准使用商品的范围

变更注册商标核定使用商品的范围，只限于商品的减少。

上列内容的变更，不发生商标专用权的转移，是否发生商标专用权的转移是注册商标的变更与注册商标的转让的根本区别。

（二）下列情况不属于注册商标变更的情形

1. 改变商标的文字和图形。改变注册商标的文字和图形，有可能与其他人的注册商标相同或相近，因此应视同为另一商标。如果需要取得商标专用权，就应当重新申请注册。变动后的商标已脱离了原核准注册的商标专用权范围，因而原来核准注册的商标对改变了的商标无效。

2. 扩大核定使用商品范围。商标注册人要求在其原注册商标核定使用商品范围的基础上，扩大使用商品范围，根据我国《商标法》的规定，不属注册商标变更，需要另行提出注册申请，作为一个新的商标办理注册。

三、注册商标的转让及许可使用

注册商标的转让指商标注册人依法将其商标专用权转让给他人所有。进行注册商标的转让时，转让人与受让人必须共同向商标局提出转让注册商标申请，由受让人办理具体手续。

注册商标的许可使用是指商标注册人通过签订使用许可合同，许可他人使用其注册商标。被许可人取得的只是注册商标的使用权。

四、商标管理

商标管理是指主管机关为维护社会经济秩序，保护商标注册人合法权益和消费者利益，依法对商标注册、商标使用等方面进行的管理。商标管理机构有国务院工商行政管理部门下属的商标局和商标评审委员会以及地方各级工商行政管理部门。

未注册的商标不享有商标专用权但允许商品生产者、经营者或者服务提供者合法使用未注册商标。

我国《商标法》及其实施细则对商标印制进行了原则性规定，国家工商行政管理局于 1983 年制定并于 1985 年、1990 年和 1996 年三次修改发布《商标印制管理办法》，根据 1996 年 9 月 5 日起施行的《商标印制管理办法》规定，商标标识实行定点印制。

第四节 商标权的法律保护

引例：

1989 年，杭州娃哈哈营养食品厂在饮料食品上获准注册“娃哈哈”商标，并很快成为驰名商标。其后，杭州云峰化妆品厂在化妆品商品上获准注册“娃哈哈”商标。

1991 年，杭州娃哈哈营养食品厂对杭州云峰化妆品厂提出注册商标争议。杭州娃哈哈营养食品厂提出的争议理由为：本厂与杭州云峰化妆品厂属于同一地区，使用同一注册商标，容易使消费者误认该厂商品是本厂系列产品。“娃哈哈”属于本厂在全国首创的该类型产品的注册商标，已具有较高知名度，“娃哈哈”商标指定使用商品虽然属于儿童营养液，亦具有美容效果，所以杭州云峰化妆品厂侵犯了本厂的注册商标专用权，欺骗了消费者。被争议人杭州云峰化妆品厂认为：我厂注册的“娃哈哈”商标的指定商品为商品分类表中的第3类化妆品，这与商品分类表中第32类的营养食品在性能、用途、制造技术等方面都截然不同，根本谈不上“类似商品”，也就无所谓侵犯杭州娃哈哈营养食品厂注册商标专用权。

1. 你认为杭州娃哈哈营养食品厂提出的属于什么争议？

2. 本案中杭州云峰化妆品厂的“娃哈哈”商品是否构成近似，容易误导公众？

案例解析：

1. 杭州娃哈哈营养食品厂提出的属于注册商标无效撤销的争议。

《商标法》第13条规定，就不相同或者不相类似商品申请注册的商标是复制、摹仿或者翻译他人已经在中国注册的驰名商标，误导公众，致使该驰名商标注册人的利益可能受到损害的，不予注册并禁止使用。对于侵犯他人在先权利的不当注册，应由利害关系人自商标注册之日起5年内请求商标评审委员会裁定撤销。

2. 杭州云峰化妆品厂的“娃哈哈”已属于相似，容易误导公众。

判定类似商品的要素一般包括商品的功能、用途、生产部门、销售渠道、消费对象等。同时，相关公众一般认为这两者与相关对象存在特定的联系，容易造成混淆的，也构成类似商品或者服务。本案中杭州云峰化妆品厂的“娃哈哈”在相关市场中已经足以造成混淆，误导公众。

一、商标侵权行为的法律规定

（一）商标侵权行为

商标侵权行为指侵犯他人注册商标专用权的行为，该种行为主要包括：

1. 未经商标注册人的许可，在同一种商品或者类似商品上使用与其注册商标相同或者近似的商标。总之，既要商标相同或相似，又要商品相同或类似，两者缺一不可。

2. 销售侵犯注册商标专用权的商品。

3. 伪造、擅自制造他人注册商标标识或者销售伪造、擅自制造的注册商标标识。

4. 未经商标注册人同意，更换其注册商标并将该更换商标的商品投入市场的。

5. 给他人的注册商标专用权造成其他损害的。

此外，如抢注驰名商标或知名商标也应看作一种侵权行为。

（二）商标侵权的赔偿

《商标法》第56条规定，侵犯商标专用权的赔偿数额，为侵权人在侵权期间因侵权所获得的利益，或者被侵权人在被侵权期间因被侵权所受到的损失，包括被侵权人为制止侵权行为所支付的合理开支。

销售不知道是侵犯注册商标专用权的商品，能证明该商品是自己合法取得并说明提供者的，不承担赔偿责任。

《商标法》引入了惩罚性赔偿制度，规定对恶意侵犯商标专用权且情节严重的，可以在权利人因侵权受到的损失、侵权人因侵权获得的利益或者注册商标使用许可费的1～3倍的范围内确定赔偿数额。同时，新《商标法》还将在上述依据都无法查清的情况下法院可以酌情决定的法定赔偿额上限从50万元提高到300万元。

（三）对商标侵权行为的行政处理

对于商标侵权行为，被侵权人既可以要求工商行政管理部门处理，也可以直接向人民法院起诉。对商标侵权行为，工商行政管理部门有权作如下处理制止侵权行为：责令立即停止销售；收缴并销毁侵权商标标识；消除现存商品上的侵权商标；可以在收到复议决定通知之日起 15 日内向人民法院起诉。逾期不申请复议、不起诉又不履行的，由工商行政管理机关申请人民法院强制执行。

二、驰名商标的保护

我国于 1996 年 8 月 14 日由国家工商行政管理局颁布《驰名商标认定和管理暂行规定》。驰名商标是指在市场上享有较高声誉并为相关公众所熟知的商标。驰名商标的认定机构是国家工商行政管理局商标局。

（一）认定驰名商标考虑的因素

《商标法》第 14 条规定了认定驰名商标考虑的因素：1. 相关公众对该商标的知晓程度；2. 该商标使用的持续时间；3. 该商标的任何宣传工作的持续时间、程度和地理范围；4. 该商标作为驰名商标受保护的记录；5. 该商标驰名的其他因素。

（二）驰名商标的保护

1. 禁止注册。将与他人驰名商标相同或相似的商标在非类似商品上申请注册，且造成驰名商标注册人权益损害的，商标局驳回申请或商标评审委员会撤销注册商标。

2. 禁止使用。将与他人驰名商标相同或相似的商标使用在非类似商品上，且会暗示该商品与驰名商标注册人有某种联系，从而可能造成驰名商标注册人权益损害的，工商行政管理局予以制止。

3. 禁止在企业名称上使用。将与他人驰名商标相同或相似的文字作为企业名称一部分使用，且可能引起公众误认的，工商行政管理机关不予注册，已注册的，驰名商标所有人可以请求撤销。

第五章 公司法

第一节 概述

引例：

我国公民甲乙二人拟在我国设立公司，甲认缴出资20万，乙认缴出资30万，甲主张设立无限公司，乙主张设立两合公司，二人的主张能否实现？

案例解析：

不能。我国公司形态法定，公司有固定的形态，只有有限责任公司和股份有限公司，且公司的股东都承担有限责任。甲主张设立的无限公司股东承担无限责任，乙主张设立的两合公司中部分股东承担有限责任、部分股东承担无限责任，我国没有相应形态，如设立公司只能设有限责任公司和股份有限公司，当然甲乙也可以设立其他企业形态，普通合伙和有限合伙。

一、公司

（一）公司概念

公司是指依法定程序设立的，以营利为目的的社团法人。公司有独立的法人财产，享有法人财产权，以其全部财产对公司的债务承担责任。

1. 公司是法人，即公司是以法定条件和法定程序成立的具有权利能力和行为能力的民商事组织；

2. 公司是社团法人，即公司是两个或两个以上股东共同出资经营的法人组织；

3. 公司是营利性社团法人，即公司股东出资办公司的目的在于以最少的投资获取最大限度的利润。

在我国，公司是指由股东出资设立的，股东以其全部认缴的出资额或者认购的股份为限对公司承担责任，公司以其全部财产对公司的债务承担独立责任的企业法人。

（二）公司的法律特征

1. 合法性。公司形态法定，出资人必须依照公司法律规定的条件并依照法律规定的程序设立法律列明的公司形态。在公司成立之后，公司也必须严格依照有关法律规定进行管理、从事经营活动。

2. 营利性。公司作为企业，应当通过自己的生产、经营、服务等活动取得实际的经济利益，并将这种利益依法分配给公司的投资者。强调公司以营利为目的，并不否定公司应承担的社会责任，不能把追求营利与社会利益对立起来。

3. 独立性。公司是具有法人资格的企业，即法律赋予公司完全独立的人格，享有权利、承担义务和责任，它不仅独立于其他社会组织，还独立于自己的投资者。

（三）公司的分类

1. 股份有限公司和有限责任公司

按公司是否发行股份和参与投资人数的多少将公司分为股份有限公司和有限责任公司。

股份有限公司，股东须有 2 人以上，全部资本分为等额股份，股东以其认购的股份为限对公司承担责任，公司以其全部资产对公司的债务承担责任。

有限责任公司，股东人数为 50 人以下，股东以其认缴的出资额为限对公司承担责任，公司以其全部资产对公司的债务承担责任。

我国公司法规定的有限责任公司中还有独资公司，股东仅为 1 人，股东以其认缴的出资额为限对公司承担责任，公司以其全部资产对公司债务承担责任。我国的独资公司分为一人有限责任公司和国有独资公司两种类型，只有一个自然人股东或者一个法人股东的有限责任公司是一人有限责任公司，国家单独出资设立的有限责任公司是国有独资公司，由国务院或地方人民政府授权本级人民政府国有资产监督管理机构履行出资人职责。

2. 母公司和子公司

按公司与公司之间的控制依附关系，可将公司分为母公司和子公司。母公司，有时也称控股公司，指拥有另一公司半数以上的股权或虽不足半数以上股权但实际控制了另一公司半数以上的投票权。子公司，有时也称附属公司，是指其股份的一定比例被其他公司持有而为其他公司控制的公司。子公司具有企业法人资格，依法独立承担民事责任。

实践中存在着与子公司类似的公司的分支机构，即分公司。分公司是公司的组成部分，与之对应的是总公司。总公司可以设立分公司，设立分公司应当向公司登记机关申请登记，领取营业执照。分公司不具有企业法人资格，其民事责任由公司承担。

分公司不是一种独立的公司形态。分公司属于非法人经济组织，其特征包括：

（1）不具有独立的民事主体资格；

（2）可以以自己的名义在总公司的营业范围内开展营业活动，其法律后果由总公司承担；

（3）分公司无董事会等公司机关，只设分公司经理，其地位相当于业务部门负责人；

（4）分公司无自己独立的财产，其财产归总公司所有，列入总公司的资产负债表；

（5）分公司的经营收益纳入总公司的收益中，由总公司缴纳企业所得税；

（6）分公司的债务由总公司负责清偿。

3. 上市公司和非上市公司

按公司的股票是否上市流通，可将公司分为上市公司和非上市公司。上市公司，是经批准其股票可以在证券交易所上市交易的股份有限公司。非上市公司是指已发行股票的股份有限公司，其股票未获准上市交易，因而不能在证券市场上流通。非上市公司有时也泛指上市公司以外的所有公司，包括股份有限公司和有限责任公司。

二、公司法

公司法，是规定各种公司的设立、组织活动和解散以及其他与公司组织有关的对内对外关系的法律规范的总称。公司法兼具组织法和活动法的双重性质，以组织法为主。公司法兼具实体法和程序法的双重性质，以实体法为主。公司法兼具强制法和任意法的双重性质，以强制法为主。

人格独立和股东有限责任的结合，是公司作为现代企业的重要标志。公司的独立人格和股东的有限责任，以股东和公司的财产相互分离为前提。公司因其具有独立财产才具有独立人格，股东因其投资并放弃对公司直接的资产支配权，才享有股东权并享有承担有限责任的待遇。现代公司法的核心就是通过确认股东财产与公司财产的独立明确股东的有限责任和公司独立的法律人格。

三、我国公司法的一般规定

（一）公司章程

公司章程是记载公司组织及行为的基本规则的文件，它向社会公众公开声明公司宗旨、资本数额、股东的权利义务以及一系列为公众了解公司所必需的内容。公司章程由有限责任公司或股份有限公司的发起人全体共同制定，募集设立股份有限公司的还需经创立大会通过。

公司章程应当采用书面形式，全体制定人在公司章程上签名盖章并报登记主管机关登记。

公司章程的内容一般包括公司名称和住所、公司经营范围、公司注册资本、公司设立方式、股东名称及各自认缴份额、出资方式和出资时间、法定代表人、董事会组成、职权和议事规则、监事会组成、公司利润分配办法、公司的解散与清算等事项。

公司章程是公司组织与活动的基本准则，是指对公司的组织、营运、解散以及公司与股东之间、股东与股东之间权利义务关系做出明确规定的公开性质的法律文件。

（二）公司资本

公司资本是注册资本的简称，又称股本，是指由公司章程所确定的全体股东认缴或实缴的出资总额。其特征是：

1. 公司资本仅指来源于全体股东出资构成的那部分公司资产，具体表现为法律允许的货币、实物、知识产权、土地使用权等形式。

2. 公司资本数额是由公司章程规定并经注册登记确定的，若欲变动数额，须履行严格的法定增资或减资程序。

3. 公司资本所有权属于公司法人而非公司股东，除非法人解散，否则公司可以无限期拥有并使用。

第二节　公司的设立

公司设立是指为使公司成立、取得公司法人资格而依据法定程序进行的一系列法律行为的总称，包括公司发起、筹建到成立的整个过程。

一、公司设立的原则

1. 自由设立主义：指公司的设立完全听凭当事人的自由，国家不加以任何干预或限制。

2. 特许主义：指公司的设立需要王室或者议会通过颁发专门的法令予以特别许可。

3. 核准主义：指公司设立除具备法定的一般要件外，还须经政府行政主管机关进行审查批准。

4. 准则主义：指公司法事先规定公司设立的要件并将这些要件作为设立公司的指导原

则，任何人只要符合此种原则要求，具备公司法所规定的最低条件即可设立公司。

我国公司制度实行的设立原则经历了一个发展的过程。《中华人民共和国公司法》（以下简称《公司法》）颁布之前实行的是严格的核准主义原则，设立公司都是由政府按照程序审批。《公司法》颁布后，我国抛弃了单一的核准主义原则，实行的是准则主义和核准主义相结合的原则。

二、公司设立的方式

1. 发起设立。这是指发起人认购公司应发行的全部资本或股份而设立公司的方式。其主要特征是公司发行的股份不向社会公开募集，在全体发起人范围内认购全部股份，我国的有限责任公司与股份有限公司主要采取这种方式设立。

2. 募集设立。这是指发起人认购公司应发行股份的一部分，其余股份按法定程序向社会公众或特定对象募集而设立公司的行为。只有股份有限公司能采取这种设立方式。

三、有限责任公司设立

（一）有限责任公司设立的条件

1. 股东符合法定人数，由 50 名以下股东出资设立。股东可以是自然人，可以是法人，也可以既有自然人又有法人。

2. 有符合公司章程规定的全体股东认缴的出资额。我国现行公司法对公司注册资本没有规定最低限额，也不限制股东出资时间，在公司经营期限内缴足即可。

3. 有公司章程。章程是记载公司组织规范及其行动准则的书面文件，须由全体股东共同订立和签署。有限责任公司章程应当载明下列事项：（1）公司名称和住所；（2）公司经营范围；（3）公司注册资本；（4）股东的姓名或者名称；（5）股东的出资方式、出资额和出资时间；（6）公司的机构及其产生办法、职权、议事规则；（7）公司法定代表人；（8）股东会会议认为需要规定的其他事项。股东应当在公司章程上签名、盖章。

4. 有公司名称，建立符合有限责任公司要求的组织机构。公司名称是公司独立人格的标志，由以下部分依次组成：所在地省或市或县的行政区划名称、字号（或商号）、公司的行业或经营特点、组织形式。

5. 有公司住所。公司住所即公司主要办事机构所在地，对于确定公司登记机关和公司在民事诉讼中的地域管辖和法律适用有重要作用。

（二）有限责任公司设立的程序

1. 确定企业规模、股东名称和各股东的出资份额。

2. 申请名称预先核准登记。

3. 制定公司章程。

4. 出资与验资。股东可以货币出资，也可以用实物、知识产权、土地使用权等可以用货币估价并可以依法转让的非货币财产作价出资，但法律、行政法规规定不得作为出资的财产除外。

股东应当按期足额缴纳公司章程中规定的各自所认缴的出资额。股东以货币出资的，应当将货币出资足额存入有限责任公司在银行开设的账户；以非货币财产出资的，应当依法办理其财产权的转移手续。

股东缴纳出资后，必须经依法设立的验资机构验资并出具证明。

5. 进行工商登记。设立有限责任公司，应当由全体股东指定的代表或者共同委托的代理人向公司登记机关提交材料，申请设立登记。

公司登记机关收到申请人提交的上述全部文件后，发出《公司登记受理通知书》并在发出之日起 30 日内做出决定，核准登记或者不予登记。如核准登记的，自核准之日起 15 日内通知申请人，并发给营业执照。取得营业执照后，公司成立。

四、股份有限公司的设立

（一）设立方式设立股份有限公司的条件

1. 发起人符合法定人数。发起人是指依法参与制定公司章程、认购公司股份、并承担公司筹办事务的法人或自然人。设立股份有限公司，应当有 2 人以上、200 人以下为发起人，其中须有半数以上的发起人在中国境内有住所；

2. 有符合公司章程规定的全体发起人认购的股本总额或者募集的实收股本总额。法律、行政法规以及国务院决定对股份有限公司注册资本实缴、注册资本最低限额另有规定的，从其规定。

3. 股份发行、筹办事项符合法律规定。

4. 发起人制定公司章程，采用募集方式设立的经创立大会通过。股份有限公司章程应当载明：公司名称和住所，公司经营范围，公司设立方式，公司股份总数、每股金额和注册资本，发起人的姓名或者名称、认购的股份数、出资方式和出资时间，董事会的组成、职权和议事规则，公司法定代表人，监事会的组成、职权和议事规则，公司利润分配办法，公司的解散事由与清算办法，公司的通知和公告办法及股东大会会议认为需要规定的其他事项。

5. 有公司名称，建立符合股份有限公司要求的组织机构。股份有限公司由股东组成股东大会。股东大会是公司的权力机构，依照公司法行使职权。

股份有限公司设董事会，其成员为 5 人至 19 人。董事会设董事长 1 人，可以设副董事长。董事长和副董事长由董事会以全体董事的过半数选举产生。董事会每年度至少召开两次会议。股份有限公司设经理，由董事会决定聘任或者解聘。经理对董事会负责，主持公司的日常经营管理，组织实施董事会决议；股份有限公司设立监事会，其成员不得少于 3 人。

6. 有公司住所。

（二）设立股份有限公司的程序

股份有限公司有两种设立方式：发起设立和募集设立。实践中多数股份有限公司都是通过发起设立的方式成立的。股份有限公司设立的程序一般包括：

1. 确定发起人并签署发起人协议。发起人对外代表设立中的公司，对内办理设立的各项事务。公司成立后，发起人即成为公司股东，公司的设立及其发起行为产生的一切权利义务由公司承担。但如果公司不能成立，发起行为的后果全部由发起人承担。

2. 认购股份和缴纳股款。发起设立股份有限公司的，发起人应当书面认足公司章程规定其认购的股份；一次缴纳的，应立即缴纳全部出资；分期缴纳的，应立即缴纳首期出资。以非货币财产出资的，应当依法办理其财产权的转移手续。

根据我国《公司法》，募集设立股份有限公司的，发起人认购的股份不得少于公司股份总数的 35%；但是，法律、行政法规另有规定的，从其规定。

发起人向社会公开募集股份，必须公告招股说明书，并制作认股书。认股书应当载明《公司法》第86条所列事项，由认股人填写认购股数、金额、住所，并签名、盖章。认股人按照所认购股数缴纳股款。

3. 召开创立大会。发行股份的股款缴足后，必须经依法设立的验资机构验资并出具证明。发起人应当在30日内主持召开公司创立大会，创立大会由发起人和认股人组成，创立大会选举董事会和监事会。

4. 工商登记。创立大会结束后30日内，董事会向公司登记机关报送公司章程、由依法设定的验资机构出具的验资证明以及法律、行政法规规定的其他文件，申请设立登记。

第三节　公司股东与组织机构

引例：

A股份有限公司2016年度董事会做出决议如下：(1)根据经理丙的提名解聘财务负责人甲；(2)决定发行公司债券，责成董事乙准备有关发行文件报送有关部门审批。

请问该董事会两项决议是否符合法律规定？为什么？

案例解析：

A公司董事会通过的两项决议，第一项符合我国公司法规定，第二项不符合。聘任、解聘公司财务负责人是董事会职权之一，而决定发行公司债券是股东大会的职权，是股东会职权，董事会无权就此做出决议。

一、股东

（一）股东的含义

股东是指在公司成立时向公司出资或在公司成立后依法继受取得股权或股份，对公司享有权利和承担义务的主体。

股东具有以下内涵：

其一，股东是公司的成员。一方面，股东与公司相互依存；另一方面，公司一旦成立，股东与公司相互独立，是不同的主体。

其二，股东是股权享有者，依法对公司享有权利和承担义务。但股权享有者不等于出资人，因为除出资外，通过受让、继承、受赠等合法方式均可取得股权，获得股东资格。

“股东”与“发起人”既相互联系又有区别。发起人是指订立发起人协议、认购公司出资或股份，并对公司设立承担责任的人。一旦公司成立，发起人身份自然转化为公司股东。但公司股东并不限于发起人。除发起人外，在公司设立阶段和成立后任何认购或受让公司出资或股份的人都可以成为公司股东。

（二）股东资格及其取得与丧失

1. 对自然人股东资格的限制

我国公司法对股东的资格规定了以下几方面的限制：

(1) 限制民事行为能力人及无民事行为能力人不得作为发起人。但通过合法的受赠或继承等方式取得股权，进而获得股东资格，可以成为股东。

（2）法律对特定职业的自然人从事营利性活动的禁止。如有关组织法规定的公务员、法官、检察官不得参与营利性活动。

（3）股份有限公司发起人受国籍或住所限制。如我国《公司法》第78条规定：设立股份有限公司，应当有2人以上200人以下为发起人，其中须有半数以上的发起人在中国境内有住所。

2. 股东资格的取得

（1）原始取得，即通过向公司出资或认购股份而取得股东资格，分为：设立时的原始取得，即基于公司设立而向公司投资取得，这包括有限责任公司设立时的全部发起人和股份有限公司设立时的发起人和认股人；设立后的原始取得，即公司成立后增资时通过向公司出资或认购股份的方式而取得股东资格。

（2）继受取得，也称传来取得或派生取得，即通过受让、受赠、继承、公司合并等途径而取得股东资格。

3. 股东资格的丧失

股东因法定原因或法定程序而丧失股东身份的情形有：

（1）公司法人资格消灭，如解散、破产、被合并；

（2）自然人股东死亡或法人股东终止；

（3）股东将其所持有的股份转让；

（4）股份被人民法院强制执行；

（5）股份被公司依法回购；

（6）法律规定的其他情形。

（三）股东的权利和义务

股东的权利即股权，指股东基于其股东资格而享有的从公司获取经济利益并参与公司经营管理的权利，主要包括：表决权、选举权和被选举权、股份转让权、知情权、利润分配权、剩余财产索取权、优先认购权、质询权、提案权、临时股东（大）会的提议召开权等。

在享有股权的同时，股东同样担负义务，如遵守公司章程、足额缴纳出资、不得违反法律规定抽回出资等。

二、公司的组织机构

有限责任公司的组织机构一般包括股东会、董事会、监事会和高级管理人员，股份有限公司的组织机构包括股东大会、董事会、监事会和高级管理人员。股东（大）会是公司的权力机构，董事会和高级管理人员是公司的执行机构，监事会是公司的监督机构。

（一）股东（大）会

股东（大）会是公司的权力机构，是全体股东组成的，有权决定公司高级管理人员的选任和公司的经营决策，是（除一人有限公司和国有独资公司外）每一个公司都必设的机构。股东（大）会对外不代表公司，对内也不执行业务。

1. 股东（大）会的职权

（1）决定公司的经营方针和投资计划；

（2）选举和更换非由职工代表担任的董事、监事，决定有关董事、监事的报酬事项；

（3）审议批准董事会的报告；

（4）审议批准监事会或者监事的报告；

（5）审议批准公司的年度财务预算方案、决算方案；

（6）审议批准公司的利润分配方案和弥补亏损方案；

（7）对公司增加或者减少注册资本做出决议；

（8）对发行公司债券做出决议；

（9）对公司合并、分立、解散、清算或者变更公司形式做出决议；

（10）修改公司章程；

（11）公司章程规定的其他职权。

对前款所列事项股东以书面形式一致表示同意的，可以不召开股东（大）会会议，直接做出决定，并由全体股东在决定文件上签名、盖章。

2. 股东（大）会会议的召集

股东（大）会会议分为首次会议、定期会议和临时会议。首次股东（大）会会议由出资最多的股东召集和主持。定期会议是由董事会按照章程的规定按时召集的、由全体股东出席的例会。临时会议是根据公司需要在定期会议间隔期临时召开的股东会。

定期股东（大）会会议由董事会召集，董事长主持；董事长因特殊原因不能履行职务或者不履行职务的，由副董事长主持；副董事长不能履行职务或者不履行职务的，由半数以上董事共同推举一名董事主持。董事会或者执行董事不能履行或者不履行召集股东（大）会会议职责的，由监事会或者不设监事会的公司的监事召集和主持；监事会或者监事不召集和主持的，代表 1/10 以上表决权的股东可以自行召集和主持。有限责任公司不设董事会的，股东（大）会会议由执行董事召集和主持。

股东（大）会临时会议包括代表 1/10 以上表决权的股东、1/3 以上董事、监事会或者不设监事会的公司的监事。股份有限公司有权提议召开临时股东大会会议的包括董事会、监事会或连续 90 日以上单独或者合计持有股份有限公司 10%以上股份的股东。

3. 股东（大）会的表决方式

股东（大）会决议有两种表决方式。一种是普通决议，这是对公司一般事项所作的决议，有限责任公司除章程另有规定外按股东出资比例行使表决权，过半数通过，股份有限公司股东大会决议需经出席会议的股东所持表决权过半数通过；另一种是特别决议，对公司的重要的事项所作的决议，如修改公司章程、增加或者减少注册资本的决议、公司合并、分立、解散或者变更公司形式的决议，有限责任公司必须经代表 2/3 以上表决权的股东通过，股份有限公司必须经出席会议的股东所持表决权的 2/3 以上表决权的股东通过。

（二）董事会

董事会是对内执行公司业务、对外代表公司的常设性机构。董事会由股东（大）会选举的董事组成，董事任期由公司章程规定，每届任期不超过 3 年，可连选连任。有限责任公司设董事会，其成员为 3～13 人；股份有限公司设董事会，其成员 5～19 人。股东人数较少或者规模较小的有限责任公司，可以设 1 名执行董事，不设立董事会。

1. 董事会的职权

董事会对股东会负责，行使的职权包括：

（1）召集股东会会议，并向股东会报告工作；

（2）执行股东会的决议；

（3）决定公司的经营计划和投资方案；

（4）制定公司的年度财务预算方案、决算方案；

（5）制定公司的利润分配方案和弥补亏损方案；

（6）制定公司增加或者减少注册资本以及发行公司债券的方案；

（7）制定公司合并、分立、解散或者变更公司形式的方案；

（8）决定公司内部管理机构的设置；

（9）决定聘任或者解聘公司经理及其报酬事项，并根据经理的提名决定聘任或者解聘公司副经理、财务负责人及其报酬事项；

（10）制定公司的基本管理制度；

（11）公司章程规定的其他职权。

2. 董事会会议的召集：董事会会议由董事长召集和主持；董事长因特殊原因不能履行职务或者不履行职务的，由董事长指定的副董事长召集和主持；副董事长不能履行职务或者不履行职务的，由半数以上董事共同推举 1 名董事召集和主持。

另外，股份有限公司代表 1/10 以上表决权的股东、1/3 以上董事或监事会可以提议召开临时董事会会议。股份有限公司董事会每年至少召开两次会议。

3. 董事会的议事方式和表决除《公司法》有规定的外，由公司章程规定，董事会决议的表决，实行一人一票。

（三）经理

经理是公司董事会聘任的主持日常管理工作的高级职员，他对董事会负责。经理机构可称为辅助执行机构，即辅助董事会执行的工作机构。不设董事会的公司，执行董事可以兼任公司经理。有限责任公司可以设经理，由董事会决定聘任或者解聘。经理对董事会负责，行使下列职权：

（1）主持公司的生产经营管理工作，组织实施董事会决议；

（2）组织实施公司年度经营计划和投资方案；

（3）拟订公司内部管理机构设置方案；

（4）拟订公司的基本管理制度；

（5）制定公司的具体规章；

（6）提请聘任或者解聘公司副经理、财务负责人；

（7）决定聘任或者解聘除应由董事会决定聘任或者解聘以外的负责管理人员；

（8）董事会授予的其他职权。

公司章程对经理职权另有规定的，从其规定。经理列席董事会会议。

（四）监事会

监事会是对公司执行机构的业务活动进行专门监督的机构，监事会成员不得少于三人，监事由股东（大）会选举产生，任期每届为 3 年，可连选连任。股东人数较少或者规模较小的有限责任公司，可以设 1～2 名监事，不设立监事会。监事执行公务时有时可对外代表公司。

监事会应当包括股东代表和适当比例的公司职工代表，其中职工代表的比例不得低于 1/3，具体比例由公司章程规定。监事会中的职工代表由公司职工通过职工代表大会、职工大会或者其他形式民主选举产生。

监事会设主席 1 人，由全体监事过半数选举产生。监事会主席召集和主持监事会会议，监事会主席不能履行职务或者不履行职务的，由半数以上监事共同推举 1 名监事召集和主持监事会会议。董事、高级管理人员不得兼任监事。

1. 监事会或者监事的职权：

（1）检查公司财务；

（2）对董事、高级管理人员执行公司职务的行为进行监督，对违反法律、行政法规、公司章程或者股东会决议的董事、高级管理人员提出罢免的建议；

（3）当董事、高级管理人员行为损害公司利益时，要求董事、高级管理人员予以纠正；

（4）提议召开临时股东会会议，在董事会不履行本法规定的召集和主持股东会会议职责时召集和主持股东会会议；

（5）向股东会会议提出提案；

（6）依照《公司法》第 151 条的规定，对董事、高级管理人员提起诉讼；

（7）公司章程规定的其他职权。

监事可以列席董事会会议，并对董事会决议事项提出质询或者建议。监事会、不设监事会的公司的监事发现公司经营情况异常，可以进行调查；必要时，可以聘请会计师事务所等协助其工作，费用由公司承担。

2. 监事会议事规则。

有限责任公司监事会每年度至少召开一次会议，股份有限公司每 6 个月至少召开一次会议，监事可以提议召开临时监事会会议。监事会的议事方式和表决程序，除公司法有规定的外，由公司章程规定。监事会决议应当经半数以上监事通过。

三、公司董事、监事、高级管理人员的资格和义务

（一）公司董事、监事、高级管理人员的任职资格

根据《公司法》规定，有下列情形之一的，不得担任公司的董事、监事、高级管理人员：

1. 无民事行为能力或者限制民事行为能力；

2. 因贪污、贿赂、侵占财产、挪用财产或者破坏社会主义市场经济秩序，被判处刑罚，执行期满未逾五年，或者因犯罪被剥夺政治权利，执行期满未逾五年；

3. 担任破产清算的公司、企业的董事或者厂长、经理，对该公司、企业的破产负有个人责任的，自该公司、企业破产清算完结之日起未逾三年；

4. 担任因违法被吊销营业执照、责令关闭的公司、企业的法定代表人，并负有个人责任的，自该公司、企业被吊销营业执照之日起未逾三年；

5. 个人所负数额较大的债务到期未清偿。

董事、监事、高级管理人员应当遵守法律、行政法规和公司章程，对公司负有忠实义务和勤勉义务。董事、监事、高级管理人员不得利用职权收受贿赂或者其他非法收入，不得侵占公司的财产。

（二）董事、高级管理人员的禁止性义务

董事、高级管理人员任职期间禁止从事下列行为：

1. 挪用公司资金；

2. 将公司资金以其个人名义或者以其他个人名义开立账户存储；

3. 违反公司章程的规定，未经股东会、股东大会或者董事会同意，将公司资金借贷给他

人或者以公司财产为他人提供担保；

4. 违反公司章程规定或者未经股东（大）会同意，与本公司订立合同或者进行交易；

5. 未经股东（大）会同意，利用职务便利为自己或者他人谋取属于公司的商业机会，自营或者为他人经营与所任职公司同类的业务；

6. 将他人与公司交易的佣金归为己有；

7. 擅自披露公司秘密；

8. 违反对公司忠实义务的其他行为。

第四节　公司债券和股份发行、转让

引例：

A 股份有限公司 2015 年通过发行公司债券的方式募集资金用于新产品研发，后经营过程中将该笔资金的一部分用于支付原材料的采购导致新产品研发经费不足，2016 年该公司计划再次以新产品开发资金募集为由发行公司债券，该计划能否实现？为什么？

案例解析：

公司再次发行债券应满足一定条件，必须前一次发行的公司债券已经募足、对已公开发行的公司债券没有延迟支付本息的事实、不改变公开发行公司债券所募资金的用途。而 A 股份有限公司改变募集资金用途已经违反规定，因此不能再次发行债券。

一、公司债券

公司债券是公司法上一个特定的概念，它是指公司依照法定程序发行、约定在一定期限还本付息的有价证券。公司债券是公司债的法定形式，公司债是公司债券的实质内容，二者的关系形同表里。

（一）公司债券的特征和类型

1. 公司债券的特征

（1）公司债券是公司依法发行公司债券而形成的公司债务。公司债券的发行主体必须是公司（而不是其他主体），并且必须是依照法定条件和程序发行的。

（2）公司债券是以公司债券这种要式有价证券的形式表示的。公司债券表明了持券人对公司拥有一定数量的债权，即公司欠了持券人一定数量的债务，此即有价性。我国《公司法》第 155 条规定，公司以实物券方式发行公司债券的，必须在债券上载明公司名称、债券票面金额、利率、偿还期限等事项，并由法定代表人签名，公司盖章。

（3）公司债券是有一定的还本付息期限的有价证券。所有公司债券的持券人，不论身份与地位如何，都享有到期要求公司还本付息的权利。正因为这种有期限且有偿借用资金的鲜明特点，才使公司债券具有强大的生命力和吸引力。

2. 公司债券的种类

按照不同标准，公司债券可以分为不同的种类：

（1）依公司债券是否记载持券人的姓名或名称，可把公司债券分为记名公司债券和不记名公司债券。凡公司债券上记载持券人姓名或名称的为记名公司债券，反之，则是不记名公司债券。

（2）依公司债券有无担保可把公司债券分为担保公司债券和无担保公司债券。担保公司债券是指公司发行债券时以特定财产或第三人对该债券的还本付息做出担保的公司债券。

（3）依公司债券能否转换为公司股票，可把公司债券分为转换公司债券与非转换公司债券。可转换公司债券，是指公司债权人在一定条件下可将其持有的公司债券转换为发行公司股票的公司债券；而非转换公司债券是指不能转换为发行公司股票的普通公司债券。

（二）公司债券的发行

公司发行公司债券应当符合《中华人民共和国证券法》（以下简称《证券法》）规定的条件。

1. 发行公司债券的积极要件

《证券法》第16条规定，公开发行公司债券，应当符合的条件包括：

（1）股份有限公司的净资产不低于人民币三千万元，有限责任公司的净资产不低于人民币六千万元；

（2）累计债券余额不超过公司净资产的百分之四十；

（3）最近三年平均可分配利润足以支付公司债券一年的利息；

（4）筹集的资金投向符合国家产业政策；

（5）债券的利率不超过国务院限定的利率水平；

（6）国务院规定的其他条件。

公开发行公司债券筹集的资金，必须用于核准的用途，不得用于弥补亏损和非生产性支出。上市公司发行可转换为股票的公司债券，除应当符合第一款规定的条件外，还应当符合本法关于公开发行股票的条件，并报国务院证券监督管理机构核准。

2. 发行公司债的消极要件

《证券法》第16条规定，有下列情形之一的，不得再次公开发行公司债券：

（1）前一次发行的公司债券尚未募足的；

（2）对已公开发行的公司债券或者其他债务有违约或者延迟支付本息的事实，且仍处于继续状态的；

（3）违反法律规定，改变公开发行公司债券所募资金的用途。

只有完全具备所有的法定积极要件，同时又无任何法定消极要件的公司才具备公开发行公司债券的条件。

（三）公司债的发行程序

1. 公司董事会制定发行公司债券的方案；

2. 股东（大）会审议通过公司债券发行方案；

3. 报经国务院证券监督管理机构或者国务院授权的部门核准；

4. 公告公司债券募集办法；

5. 证券经营机构承销发售公司债券；

6. 公众认购债券；

7. 发行公司依法备置公司债券存根簿。

二、股份发行与转让

（一）股份发行

股份有限公司的资本划分为股份，每一股的金额相等。公司的股份采取股票的形式。股票是公司签发的证明股东所持股份的凭证。

股份发行指股份有限公司为筹集资金或为其他目的而向投资者出售或分配自己股份的行为。发行人通过社会中介机构向不特定社会公众公开发售股份的称为股份的公开发行；发行人只对少数特定的投资者出售或分配股份的，为私募发行。

股份发行的原因和目的：（1）为设立公司而筹集资本；（2）为追加投资而扩充股本，称为增资发行或新股发行；（3）为其他目的而发行股份。

股份发行应遵循公平、公正原则，同种类的每一股份应当具有同等权利。

（1）公平原则是指发行人在发行同种性质的股份时所提供的条件、价格完全相同，不因认股人的不同而设置差异的原则。主要体现为同股同价，公司同次发行的同类股份，每股的发行条件和价格应当相同；任何单位或个人所认购的股份，每股应当支付相同价额。

（2）公正原则是指申请发行股份的股份有限公司或发起人，依法应当受到政府的公正对待。当发行人向政府有关部门提出发行申请时，政府应公正对待不同的申请人；无论其做出核准与否，依据只能是申请人是否实质上具备法定的发行资格和条件。只有政府首先做到公正地对待所有的股份发行人，才能促使发行人公平、公正地对待所有的认股人，从而保证整个发行过程的公正有序。

股份发行价格是发行人在向投资者出售股票时所收取的价格，发行价格可以按票面金额，也可以超过票面金额，但不得低于票面金额。

（二）股份转让

股份的转让是通过股票的转让实现的。股票的转让是指股票所有人把自己持有的股票让与他人，从而使他人成为公司股东的行为。

股东转让其股份，应当在依法设立的证券交易场所进行或者按照国务院规定的其他方式进行。

1. 股份转让的方式。记名股票由股东以背书方式或者法律、行政法规规定的其他方式转让，转让后由公司将受让人的姓名或者名称及住所记载于股东名册。无记名股票的转让，由股东将该股票交付给受让人后即发生转让的效力。

2. 股份转让的限制。尽管股东持有的股份可以依法转让，但公司法对股份的转让也进行了限制性规定：

（1）发起人持有的本公司股份，自公司成立之日起 1 年内不得转让；

（2）公司公开发行股份前已发行的股份，自公司股票在证券交易所上市交易之日起 1 年内不得转让；

（3）董事、监事、高级管理人员应当向公司申报所持有的本公司的股份及其变动情况，在任职期间每年转让的股份不得超过其所持有本公司股份总数的 25%，所持本公司股份自公司股票上市交易之日起 1 年内不得转让。上述人员离职后半年内，不得转让其所持有的本公司股份。公司章程可以对公司董事、监事、高级管理人员转让其所持有的本公司股份做出其他限制性规定。

（4）上市公司董事、监事、高级管理人员、持有上市公司股份 5%以上的股东，将其持有的该公司的股票在买入后 6 个月内卖出，或者在卖出后 6 个月内又买入，由此所得收益归该公司所有，公司董事会应当收回其所得收益。但是，证券公司因包销购入售后剩余股票而持有 5%以上股份的，卖出该股票不受 6 个月时间限制。

3. 公司收购本公司股份的规定

公司收购本公司股份相当于变相地进行减资，因此一般规定公司不得收购本公司股份。但是，有下列情形之一的除外：

（1）经股东大会决议，公司减少公司注册资本的。可以以公司名义收购本公司股份，但应当自收购之日起 10 日内注销其收购的本公司股份。

（2）经股东大会决议，与持有本公司股份的其他公司合并的。因合并而导致公司持有本公司股份的，公司应当在 6 个月内转让或注销该部分股份。

（3）经股东大会决议，将股份奖励给本公司职工的。但不得超过本公司已发行股份总额的 5%，用于收购的资金应当从公司的税后利润中支出，所收购的股份应当在 1 年内转让给职工。

（4）股东因对股东大会做出的公司合并、分立决议持异议，要求公司收购其股份的。公司应当在 6 个月内转让或注销该部分股份。

公司不得接受本公司的股票作为质押权的标的。

三、股权转让

股权转让在此是指有限责任公司股东转让股权，有限责任公司基于其人合的性质，股东转让其股权是受限制的。

有限责任公司的股东之间可以相互转让其全部或者部分股权。股东向股东以外的人转让股权，必须经其他股东过半数同意。股东应就其股权转让事项书面通知其他股东征求同意，其他股东自接到书面通知之日起满 30 日未答复的，视为同意转让。其他股东半数以上不同意转让的，不同意的股东应当购买该转让的股权；不购买的，视为同意转让。

经股东同意转让的股权，在同等条件下，其他股东有优先购买权。两个以上股东主张行使优先购买权的，协商确定各自的购买比例；协商不成的，按照转让时各自的出资比例行使优先购买权。公司章程对股权转让另有规定的，从其规定。

第五节 公司变更、解散与清算

引例：

2014 年 3 月，10 家股东共同出资成立东方公司，注册资本为 1 亿元。公司经过一段时间运作后，经济效益好，董事会制定了一个增加注册资本的方案，方案提出将公司现有的注册资本由 1 亿元增加到 1.5 亿元，增资方案提交股东会讨论表决时，有 7 家股东赞成投资，7 家股东出资总和为 5830 万元，占表决权总数的 58.3%；有 3 家股东不赞成增资，3 家股东出资总和为 4170 万元，占表决权总数的 41.7%。股东会通过了增资决议，并授权董事会执行。东方公司股东会做出的增资决议是否合法？为什么？

案例解析：

东方公司股东会作出的增资决议不合法。表决时，同意股东的出资额占表决权总数的58.3%，未达到2/3的比例，因此，增资决议不能通过。

一、公司增资

公司增资指公司依法增加注册资本的行为。上市公司一般是通过公开发行新股的方式增资；有限责任公司和不上市的股份有限公司可以以原股东追加投资或接纳新出资人的方式完成增资。

（一）非上市公司增资

有限责任公司和非上市的股份有限公司增加注册资本应遵守：

1. 增资决定由股东会做出，而且必须经代表2/3以上表决权的股东通过。国有独资公司增加注册资本的，必须由国有资产监督管理机构决定。

2. 公司增加注册资本时，股东认缴新增资本的出资，依照公司法设立有限责任公司缴纳出资的有关规定执行。

3. 公司增加注册资本的，应当依法向公司登记机关办理变更登记。

（二）上市公司增资

上市公司增加资本时，除遵循上述非上市公司增资的一般规定外，还应遵守证券法关于公司公开发行新股，应当符合的条件：

1. 具备健全且运行良好的组织机构；

2. 具有持续营利能力，财务状况良好；

3. 最近3年财务会计文件无虚假记载，无其他重大违法行为；

4. 经国务院批准的国务院证券监督管理机构规定的其他条件。

上市公司非公开发行新股，应当符合经国务院批准的国务院证券监督管理机构规定的条件，并报国务院证券监督管理机构核准。

二、公司减资

公司减资是指公司资本过剩或亏损严重，根据经营业务的实际情况，依法减少注册资本金的行为。按照资本不变原则，公司的资本非经合法程序不允许减少，我国公司法规定的减资法定程序是：

1. 董事会制定公司减资方案。

2. 股东会或股东大会对公司减少注册资本做出决议。

3. 编制资产负债表及财产清单。

4. 通知或公告债权人。公司应当自做出减少注册资本决议之日起10日内通知债权人，并于30日内在报纸上公告。债权人自接到通知书之日起30日内，未接到通知书的债权人自公告之日起45日内，有权要求公司清偿债务或者提供相应的担保。

5. 办理变更登记并公告。公司因减少注册资本导致注册登记事项发生变更时，应当依法办理变更登记手续。未依法办理变更登记的，由公司登记机关责令限期登记；逾期不登记的，处以1万元以上10万元以下的罚款。

三、公司合并

公司合并指两个或两个以上的公司依法达成协议，归并成一个公司的法律行为。公司合并可以采取两种方式：一种是吸收合并，指两个或两个以上公司合并时，其中一个公司吸纳其他公司后继续存在，其他公司随之消灭；一种是新设合并，即公司合并时，原公司同时归于消灭，共同联合创立一个新公司。公司合并时，合并各方的债权债务由合并后存续的公司或新设的公司承继。

（一）公司合并的类型

根据吸收公司所支付的对价，可将公司的吸收合并分为两类四种：

第一类，资产先转移。（1）以现金购买资产，即吸收公司以现金购买被吸收公司的全部资产，包括全部债权债务，被吸收公司股东依据其股权分配现金，被吸收公司消灭。（2）以股份购买资产，即吸收公司以自身的股份购买被吸收公司的全部资产，包括全部债权债务，被吸收公司的股东分配吸收公司的股份，并成为吸收公司的股东，被吸收公司消灭。

第二类，股权先转移。（1）以现金购买股份，即吸收公司以现金购买被吸收公司的股份，而成为被吸收公司的唯一股东，被吸收公司的全部债权债务由吸收公司承受，被吸收公司消灭。（2）以股份购买股份，即吸收公司以自身的股份换取被吸收公司所持有的被吸收公司的股份，使被吸收公司的股东成为吸收公司的股东，被吸收公司的全部债权债务，由吸收公司承受，被吸收公司消灭。

（二）公司合并的程序

1. 决议的做出与批准。董事会制定合并方案，股东会或股东大会做出决议。公司申请合并应向有关部门提出申请并报送下列文件：

（1）各公司法定代表人签署的关于公司合并的申请书和合并协议；

（2）各公司最高权力机构关于公司合并的决议；

（3）各公司合同、章程；

（4）各公司的批准证书和营业执照复印件；

（5）由中国法定验资机构为各公司出具的验资报告；

（6）各公司资产负债表及财产清单；

（7）各公司上一年度的审计报告；

（8）各公司债权人名单；

（9）合并后的公司合同、章程；

（10）合并后的公司最高权力机构成员名单；

（11）审批机关要求报送的其他文件。

2. 签订公司合并协议。公司合并时，由参与合并各方法定代表人在协商一致的基础上签订合并协议。合并协议应当采用书面形式，并载明合并宗旨，合并原因、条件，合并后存续公司或新设公司的名称、性质、住所，合并各方的资产状况及其处置方法，合并各方债权债务处理，新设公司或存续公司股份总数、种类及各股份数额或股份增加数额，股份的转换方式，合并合同或存续公司的股东，公司章程的拟定或修改，不同意参与合并的股东的退股和收购，以及合并后新公司或存续公司的组织机构产生办法等事项。

3. 编制表册、通告债权人。应当资产负债表及财产清单，并通告债权人。《公司法》第

173 条规定，公司合并应当由合并各方签订合并协议，并编制资产负债表及财产清单。公司应当自做出合并决议之日起 10 日内通知债权人，并于 30 日内在报纸上公告。债权人自接到通知书之日起 30 日内，未接到通知书的自公告之日起 45 日内，可以要求公司清偿债务或者提供相应的担保。第 204 条规定，公司在合并时，不依照规定通知或者公告债权人的，由公司登记机关责令改正，对公司处以 1 万元以上 10 万元以下的罚款。第 174 条规定，公司合并时，合并各方的债权、债务应当由合并后存续的公司或者新设的公司承继。

4. 登记。《公司法》第 179 条规定，公司合并，登记事项发生变更的，应当依法向公司登记机关办理变更登记；公司解散的，应当依法办理公司注销登记；设立新公司的，应当依法办理公司设立登记。

（三）异议股东保护

对股东会的公司合并决议投反对票的有限责任公司股东可以请求公司按照合理的价格收购其股权。

四、公司分立

公司分立是指被分立公司依法将部分或全部营业分离转让给两个或两个以上现存或新设的公司的行为。公司分立前的债务由分立后的公司承担连带责任。

公司分立是一种单方法律行为。只要经出席股东（大）会的股东所持表决权的 2/3 以上多数通过，公司就可实施分立行为，除国有独资公司需国有资产监管机构决定外，不需要与任何第三方签订协议。

（一）公司分立的形式

公司分立以原公司法人资格是否消灭为标准，可分为存续分立和解散分立。

1. 存续分立，或称派生分立，指公司将其部分财产或业务分离出去另设一个或数个新的公司，原公司继续存在。原公司办理变更登记，新分立公司需办理设立登记。

2. 解散分立，或称新设分立，指公司将其全部财产分别归于两个或两个以上的新设公司中，原公司的财产按各个新成立公司的性质、宗旨、经营范围进行重新分配，原公司解散。原公司法人资格消灭，要办理注销登记；新设立的公司需办理设立登记。

（二）公司分立的程序

1. 决议的做出与批准。董事会制定分立方案，股东会或股东大会做出决议。国有独资公司的分立，必须由国有资产监督管理机构决定；重要的国有独资公司的分立，应当由国有资产监督管理机构审核后，报同级人民政府批准。

公司申请分立应向有关部门提出申请并报送下列文件：

（1）公司法定代表人签署的关于公司分立的申请书；

（2）公司最高权力机构关于公司分立的决议；

（3）因公司分立而拟存续、新设的公司签订的公司分立协议；

（4）公司合同、章程；

（5）公司的批准证书和营业执照复印件；

（6）由中国法定验资机构为公司出具的验资报告；

（7）公司资产负债表及财产清单；

（8）公司债权人名单。

2. 进行原公司财产的分割。

3. 编制表册、通告债权人。但是，公司在分立前与债权人就债务清偿达成的书面协议另有约定的除外。

4. 登记。公司分立，登记事项发生变更的，应当依法向公司登记机关办理变更登记；公司解散的，应当依法办理公司注销登记；设立新公司的，应当依法办理公司设立登记。

（三）异议股东保护

对股东会的公司分立决议投反对票的有限责任公司股东可以请求公司按照合理的价格收购其股权。

五、公司解散与清算

（一）公司解散

公司的解散指已成立的公司，因发生法定的解散事由而使公司归于消灭的法律行为。根据公司解散原因的不同，分为自愿解散和强制解散。

1. 自愿解散，是指因公司或股东的意愿而解散。公司法规定的自愿解散事由包括：

（1）公司章程规定的营业期限届满或者公司章程规定的其他解散事由出现；

（2）股东会或者股东大会决议解散；

（3）因公司合并或者分立需要解散。

2. 强制解散，是指因法律规定或行政机关命令或司法机关裁判而解散公司。

公司法规定的强制解散事由包括：

（1）公司因不能清偿到期债务而被宣告破产；

（2）公司因违反法律、行政法规被责令关闭；

（3）经法院决定解散。

（二）公司清算

我国《公司法》的规定，公司应“先散后算”。因此公司解散是导致清算的直接原因，清算是公司解散的直接结果。

清算是指公司解散后，清结公司债权债务，分配公司剩余财产，最终向公司登记机关申请注销登记，使公司法人资格归于消灭的法律行为。公司除了因合并或分立解散无须清算以及因破产而解散使用破产清算程序外，其他原因解散公司都应进行清算。

按照解散的原因，清算可以分为公司清算和破产清算。公司清算也称正常清算，是指除因合并、分立或破产的原因被解散外，公司因其他一切原因解散而适用的清算程序。破产清算是指公司不能清偿到期债务被依法宣告破产时适用的清算程序。公司清算与破产清算有明显的区别：

（1）发生清算的原因不同。适用公司清算的原因是包括下列公司解散事项引起的：公司章程规定的营业期限届满、公司章程规定的其他解散事由出现、股东会或者股东大会决议解散、公司因违反法律和行政法规被责令关闭。这大多属于公司股东自愿解散。破产清算的原因是公司不能清偿到期债务，并且资产不足以清偿全部债务或者明显缺乏清偿能力而被宣告破产。这属于司法强制解散程序。

（2）清算组与管理人产生方式不同。清算组即清算人，是公司清算事务的执行人。根据公司法规定，公司正常清算时，若公司被自愿解散，则清算组由股东会或股东大会确定人选；

公司逾期不成立清算组的，经债权人申请，法院有权并应当指定清算组成员；若公司被责令强制解散，则由做出强制解散决定的主管机关决定人选。破产清算的管理人则由法院决定。

（3）适用清算的程序不同。首先，公司清算适用一般清算程序，破产清算适用破产清算程序。其次，适用程序内容不同。适用公司清算程序的已解散公司，一般有足够财产清偿公司债务，清算程序较简单；适用破产程序的已解散公司不能清偿到期债务，并且资产不足以清偿全部债务或者明显缺乏清偿能力，清算程序复杂得多。此外，两种程序适用的法律法规也不同。公司清算程序适用《公司法》，破产清算程序适用《中华人民共和国企业破产法》。

（三）清算程序

清算机关也称清算组或清算人，是在清算中代表被解散公司依法执行清算事务的机关。

1. 组成清算组。各国关于清算组的组成主要有以下几种做法：

（1）法定产生清算组成员。各国法律一般首先规定董事为当然的普通清算组成员。

（2）章程指定产生清算组成员。这优先于法定产生清算组成员的方法。

（3）选任产生清算组成员。如果公司章程没有指定，股东会也可选任他人为清算组成员。

（4）选派产生清算组成员，即上级主管机关指派或债权人向法院请求选派他人为清算组成员。

我国《公司法》规定，公司解散后，有限责任公司的清算组由股东组成，股份有限公司的清算组由董事或者股东大会确定的人员组成。逾期不成立清算组进行清算的，债权人可以申请人民法院指定有关人员组成清算组进行清算。

清算组在清算期间在清算范围内，代表被解散公司执行和处理清算事务。其主要职权包括：（1）清理公司财产，分别编制资产负债表和财产清单；（2）通知、公告债权人；（3）处理与清算有关的公司未了结的业务；（4）清缴所欠税款以及清算过程中产生的税款；（5）清理债权、债务；（6）处理公司清偿债务后的剩余财产；（7）代表公司参与民事诉讼活动。

2. 债权人申报债权。一是清算组告知债权人申报债权；二是债权人在规定时间内申报。清算组应当自成立之日起 10 日内通知债权人，并于 60 日内在报纸上公告。债权人应当自接到通知书之日起 30 日内，未接到通知书的自公告之日起 45 日内，向清算组申报其债权。债权人申报债权，应当说明债权的有关事项，并提供证明材料。清算组应当对债权进行登记。在申报债权期间，清算组不得对债权人进行清偿。

3. 清理公司财产，编制资产负债表和财产清单，制定清算方案，并报股东（大）会或有关主管机关确认。

4. 按法定顺序分配财产。公司财产的分配顺序依次为：（1）支付清算费用；（2）职工的工资社会保险费用和法定补偿金；（3）缴纳所欠税款；（4）偿还公司债务；（5）有限责任公司按出资比例分配给股东，股份有限公司按股东持股比例分配给股东。公司财产不足清偿债务的，应立即终止普通清算程序，申请破产。

5. 公司清算结束后，清算组应当制作清算报告，报股东会、股东大会或者人民法院确认。

6. 报送公司登记机关，申请注销公司登记，公告公司终止。

第六节 外国公司的分支机构

一、外国公司的分支机构概述

（一）外国公司

外国公司是指依照外国法律在中国境外设立的公司。其特征包括：

1. 必须依据外国法律设立。此处的外国法律是与我国法相对而言。

2. 必须在中国境外国外设立，即公司的设立、登记行为发生在中国境外。

（二）外国公司的分支机构

外国公司的分支机构是指外国公司依照我国《公司法》的规定，在中国境内设立的从事生产经营活动的分支机构。其特征包括：

1. 外国公司分支机构由外国公司设立，其具有与外国公司相同的国籍。外国公司的分支机构应当在其名称中标明该外国公司的国籍及责任形式。

2. 外国公司分支机构不具有独立的法律地位。外国公司分支机构与我国公司分支机构法律地位一样，都不具有独立的法律地位。外国公司的分支机构没有独立的名称和公司章程，不能以自己的名义对外享有权利和承担义务，只能以外国公司的名义进行活动。分支机构内部没有股东会、董事会、监事会等完整的公司组织机构，一般是由外国公司指定代表人或代理人负责。分支机构没有自己独立的财产其实际占有、使用的财产是由外国公司拨付并作为外国公司的财产而列入资产负债表中，外国公司应以其全部财产对分支机构的经营活动所产生的债务承担责任。

3. 外国公司分支机构须以营利为目的，并在中国境内开展营业活动。

二、外国公司分支机构的设立

外国公司的分支机构的设立应遵循我国《公司法》规定的条件和程序。

（一）外国公司分支机构的设立条件

1. 外国公司分支机构应当在其名称中标明该外国公司的国籍及责任形式。

2. 外国公司必须指定在中国境内负责该分支机构的代表人或代理人。

3. 外国公司必须向分支机构拨付与其所从事的经营活动相适应的资金。国务院另行规定了营运资金最低限额的，拨付的资金必须达到该最低限额标准。

4. 外国公司的分支机构应当在本机构中置备该外国公司章程。

（二）外国公司分支机构的设立程序

外国公司在中国境内设立分支机构，必须向中国主管机关提出申请，并提交其公司章程、所属国的公司登记证书等有关文件，经批准后，向公司登记机关依法办理登记，领取营业执照。

外国公司设立分支机构必须向中国主管机关提出申请，在获得批准后才能实施进一步的设立行为。申请应以书面形式提出，并需提交该外国公司的章程和所属国的公司登记证书。外国公司设立分支机构的申请经中国主管机关审查批准后，外国公司分支机构应持批准证书及有关文件向公司登记机关依法办理登记手续，领取营业执照。

第六章　合伙企业法

引例：

甲乙丙三人每人出资 5 万设立普通合伙企业 A，约定按出资比例分配利润承担损失，A 企业在经营过程中负债 20 万元且已到期，合伙企业全部财产作价 10 万元，不足以清偿部分债权人可以向谁主张债权？

案例解析：

合伙企业不能清偿到期债务，债权人可以向合伙人直接主张债权，债权人可向任意一个合伙人或向三个合伙人同时主张，普通合伙企业合伙人对合伙企业的债务承担无限连带责任。

第一节　概述

引例：

甲乙丙三人计划共同出资设立企业从事经营活动，甲希望以劳务出资，乙希望自己承担有限责任，丙希望甲能和自己一起以二人的全部财产为企业经营担保，在我国三人应设立哪一种企业形态才能满足三人的需求？

案例解析：

有限合伙企业形态可满足该企业出资人的需求。有限合伙企业部分合伙人承担有限责任，部分合伙人承担无限连带责任，而且我国合伙企业合伙人可以以劳务出资。

一、合伙的概念

合伙既指合伙的法律行为，也指合伙的组织形式。从法律行为角度而言，合伙指两个以上的民事主体达成共同出资、共同经营、共负盈亏的协议；从组织形式角度而言，合伙指两个以上的民事主体共同出资、共同经营、共负盈亏的企业组织形态，是一种非法人企业。

根据《中华人民共和国合伙企业法》，合伙企业是指自然人、法人和其他组织依照本法在中国境内设立的普通合伙企业和有限合伙企业。

二、合伙的特征

与公司相比，合伙企业具有如下特征：

1. 合伙人共同出资、共同经营；
2. 合伙人共负盈亏，共担风险，普通合伙人对外承担无限连带责任；
3. 合伙协议是合伙得以成立的法律基础。

三、合伙的分类

合伙企业分为普通合伙和有限合伙两类：

（一）普通合伙企业

普通合伙企业由普通合伙人组成，普通合伙人对合伙企业债务承担无限连带责任。

普通合伙企业中有一类特殊的普通合伙企业，特殊的普通合伙企业合伙人的责任形式一般情况下与普通合伙企业无异，但一个合伙人或者数个合伙人在执业活动中因故意或者重大过失造成合伙企业债务的，应当承担无限责任或者无限连带责任，其他合伙人以其在合伙企业中财产份额为限承担责任。特殊的普通合伙企业适用于以专业知识和专门技能为客户提供有偿服务的专业服务机构。

（二）有限合伙企业

有限合伙企业是指由一个以上的普通合伙人和一个以上的有限合伙人共同设立的合伙企业。普通合伙人对合伙企业债务承担无限连带责任，有限合伙人以其认缴的出资额为限对合伙企业债务承担责任。它融合了普通合伙企业和公司两种企业形态的优点。

国有独资公司、国有企业、上市公司以及公益性的事业单位、社会团体不得成为普通合伙人。

四、有限合伙与普通合伙的转化

有限合伙与普通合伙在一定条件下可以相互转化。当有限合伙企业仅剩普通合伙人时，有限合伙企业转为普通合伙企业，并应当进行相应的变更登记；当有限合伙企业仅剩有限合伙人时，则该企业不再是合伙企业，故应解散；经全体合伙人一致同意，普通合伙人可以转变为有限合伙人，有限合伙人可以转变为普通合伙人。

第二节　合伙企业的设立

一、普通合伙企业的设立

普通合伙企业的设立要求具有符合要求的合伙人、合伙人之间达成合伙协议、合伙人有实际缴付的出资、合伙企业有合法的名称、由满足企业经营需要的经营场所和其他必要条件。

（一）有符合要求的合伙人。合伙人数应不少于 2 人。关于合伙人的行为能力，合伙人为自然人的，必须具有完全民事行为能力。第一，无民事行为能力人或限制民事行为能力人不能成为合伙企业设立时的创始合伙人；第二，无民事行为能力人或限制行为能力人可以且只能成为有限合伙人，而不能成为普通合伙人。

合伙人的种类包括自然人、法人、其他组织。国有独资公司、国有企业、上市公司以及公益性的事业单位、社会团体不得成为普通合伙人。

（二）有书面合伙协议。合伙协议内容包括：（1）合伙企业的名称和主要经营场所的地点；（2）合伙目的和合伙经营范围；（3）合伙人的姓名或者名称、住所；（4）合伙人的出资方式、数额和缴付期限；（5）利润分配、亏损分担方式；（6）合伙事务的执行；（7）入伙与退伙；

（8）争议解决办法；（9）合伙企业的解散与清算；（10）违约责任。

（三）有合伙人实际缴付的出资。合伙人应当按照合伙协议约定的出资方式、数额和缴付期限，履行出资义务。出资形式可以是货币、实物、知识产权、土地使用权、其他财产权利或者劳务，合伙企业无最低注册资本的要求。

（四）有合伙企业的名称。合伙企业应据实标明“普通合伙”或“特殊普通合伙”，不得使用“公司”“有限责任”等字样。

（五）有经营场所和从事合伙经营的必要条件。

二、有限合伙企业的设立

与普通合伙相比，有限合伙在设立条件上有几点区别：

（一）合伙人人数限制。有限合伙企业由 2 个以上 50 个以下合伙人设立，但法律另有规定的除外。至少应当有一个普通合伙人。国有独资公司、国有企业、上市公司以及公益性的事业单位、社会团体不得成为普通合伙人。

（二）有限合伙协议内容。合伙协议的内容除普通合伙企业协议的内容外，还应包括：普通合伙人和有限合伙人的姓名或者名称、住所；执行事务合伙人应具备的条件和选择程序；执行事务合伙人权限与违约处理办法；执行事务合伙人的除名条件和更换程序；有限合伙人入伙、退伙的条件、程序以及相关责任；有限合伙人和普通合伙人相互转变程序。

（三）有限合伙人可以货币、实物、知识产权、土地使用权或者其他财产权利作价出资，但不得以劳务出资。

（四）有限合伙名称。有限合伙企业的名称中应当标明“有限合伙”字样，以区别于普通合伙企业。

第三节 合伙企业的财产及事务执行

引例：

甲、乙、丙成立一个合伙企业，合伙协议中约定：“合伙企业的事务由甲全权负责，乙、丙不得过问亦不承担企业亏损的民事责任。”对该约定的效力应如何认定？

案例解析：

该约定部分有效，部分无效。合伙企业事务执行的约定是有效的，合伙人可以推选一人执行合伙事务。但合伙协议不得约定将全部利润分配给部分合伙人或者由部分合伙人承担全部亏损，因此约定乙丙不承担企业亏损的约定是无效的。

一、合伙企业的财产

（一）合伙企业财产的范围

合伙人按照合伙协议的约定履行了出资义务后，所有出资都成为合伙企业的财产，合伙企业的财产形式有货币、实物、知识产权、土地使用权、其他财产权利，合伙企业在后续经营过程中取得的财产也属于合伙企业财产。因此合伙企业财产的范围包括：

1. 合伙人的出资；

2. 以合伙企业名义取得的收益；

3. 合伙企业依法取得的其他财产。

合伙企业的财产性质上属于共有财产，由全体合伙人共有。以所有权出资的归全体合伙人共有，以使用权出资的归合伙人单独所有。

（二）合伙企业财产的管理与使用

合伙企业财产依法由全体合伙人共同管理和使用，在合伙企业存续期间，合伙企业财产可以进行转让和质押，除依法退伙等法律有特别规定的外，合伙人不得请求分割合伙企业财产，也不得私自转移或者处分合伙企业财产。

1. 财产份额内部转让。合伙人之间转让在合伙企业中的全部或者部分财产份额的，应通知其他合伙人。

2. 财产份额对外转让。在合伙企业存续期间，合伙人向合伙人以外的人转让其在合伙企业中的全部或部分财产份额时，除合伙协议另有约定外，须经其他合伙人一致同意，并且在同等条件下其他合伙人有优先受让的权利。

3. 财产份额出质。在合伙企业存续期间，合伙人以其在合伙企业中的财产份额出质的，须经其他合伙人一致同意。否则，出质行为无效，因此给善意第三人造成损失的，由行为人依法承担赔偿责任。

二、合伙人对合伙企业事务的管理

（一）合伙事务的决议

合伙人对合伙企业有关事项做出决议，按照合伙协议约定的表决办法办理。合伙协议未约定或者约定不明确的，实行合伙人一人一票并经全体合伙人过半数通过的表决办法。

对于合伙企业经营过程中的重大事项，除合伙协议另有约定外，合伙企业的下列事项应当经全体合伙人一致同意：

（1）改变合伙企业名称；（2）改变合伙企业的经营范围、主要经营场所的地点；（3）处分合伙企业不动产；（4）转让或者处分合伙企业的知识产权和其他财产权利；（5）以合伙企业名义为他人提供担保；（6）聘任合伙人以外的人担任合伙企业的经营管理人员；（7）修改或者补充合伙协议；（8）合伙人对外转让合伙份额；（9）吸收他人入伙。

（二）普通合伙事务的执行

合伙事务执行是为实现合伙目的而进行的业务活动。合伙人对执行合伙事务享有同等的权利。合伙人执行合伙事务的方式可以委托一个或数个合伙人代表执行，也可以分别执行。合伙人执行合伙事务所产生的收益归合伙企业，所产生的费用和亏损由合伙企业承担。

1. 委托一个或者数个合伙人对外代表合伙企业，执行合伙事务

（1）其他合伙人不再执行合伙事务，但有权监督执行事务合伙人执行的情况。

（2）执行事务合伙人应当定期向其他合伙人报告事务执行情况以及合伙企业的经营和财务状况，合伙人为了解合伙企业的经营状况和财务状况，有权查阅合伙企业会计账簿等财务资料。

2. 合伙人分别执行合伙事务

执行事务合伙人可以对其他合伙人执行的事务提出异议。提出异议时，应当暂停该项事务的执行。如果发生争议，依照合伙企业法第30条规定做出决定。

受委托执行合伙事务的合伙人不按照合伙协议或者全体合伙人的决定执行事务的，其他合伙人可以决定撤销该委托。

（三）合伙人的竞业禁止

合伙人在经营合伙企业的过程中可以同时以其他身份从事经营活动，但受到一定的限制，负有竞业禁止的义务。

1. 绝对的竞业禁止。合伙人不得自营或者同他人合作经营与本合伙企业相竞争的业务。

2. 受限制的自我交易。除合伙协议另有约定或者经全体合伙人一致同意外，合伙人不得同本合伙企业进行交易。

（四）合伙企业与第三人关系

1. 合伙企业与善意第三人的关系

合伙企业对合伙人执行合伙事务以及对外代表合伙企业权利的限制，不得对抗善意第三人。

2. 合伙企业的债务

（1）合伙企业对其债务，应先以其全部财产进行清偿。合伙企业不能清偿到期债务的，普通合伙人承担无限连带责任，有限合伙人以认缴的出资额为限承担有限责任。

（2）合伙人清偿数额超过其亏损分担比例的，有权向其他合伙人追偿。

3. 合伙人的个人债务

债权人不得以其债权抵销其对合伙企业的债务，也不得代位行使合伙人在合伙企业中的权利。

合伙人的自有财产不足清偿个人债务的，该合伙人可以以其从合伙企业中分取的收益用于清偿；债权人也可以依法请求人民法院强制执行该合伙人在合伙企业中的财产份额用于清偿。

（五）利润分配和亏损负担

合伙企业的利润分配、亏损分担，按照合伙协议的约定办理；合伙协议未约定或者约定不明确的，由合伙人协商决定；协商不成的，由合伙人按照实缴出资比例分配、分担；无法确定出资比例的，由合伙人平均分配、分担。

合伙协议不得约定将全部利润分配给部分合伙人或者由部分合伙人承担全部亏损。

（六）有限合伙企业的事务执行

有限合伙企业的事务由普通合伙人执行。有限合伙人不执行合伙事务，也不得对外代表有限合伙企业，但在执行事务合伙人怠于行使权利时，督促其行使权利或者为了本企业的利益以自己的名义提起诉讼。

第四节　入伙、退伙

引例：

张某为某合伙企业的合伙人，合伙协议约定经营期限为10年，经营至第3年时，张某在未经全体合伙人一致同意的情况下擅自退伙。由于张某为执行合伙企业事务的合伙人，其擅自退伙导致一合同未能履行，依定金罚则返还对方2万元。该2万元由谁承担？

案例解析：

应由张某承担。该合同因合伙企业未履行，合伙企业应当赔偿给对方2万元，合伙企业赔偿后，此部分损失应由擅自退伙的张某来承担。

一、入伙

（一）入伙的条件与程序

除合伙协议另有约定外，新的合伙人加入合伙企业应当经全体合伙人一致同意，并依法订立书面入伙协议。

订立入伙协议时，原合伙人应当如实告知原合伙企业的经营状况和财务状况。

（二）新合伙人的权利和义务

新合伙人取得合伙人的资格。新合伙人是普通合伙人的，对入伙前合伙企业的债务承担无限连带责任；新合伙人是有限合伙人的，对入伙前合伙企业的债务以其认缴的出资额承担有限责任；除入伙协议另有约定外，新合伙人与合伙人享有同等权利，承担同等责任。

二、退伙

（一）退伙的类型

根据合伙人在合伙企业存续期间退出合伙企业的原因不同，可以将退伙分为自愿退伙、当然退伙和除名退伙。

1. 自愿退伙

自愿退伙又称声明退伙，是指合伙人基于自愿的意思表示而退伙。

当合伙协议约定了合伙的经营期限的，在合伙企业存续期间，有下列情形之一时，合伙人可以退伙：（1）合伙协议约定的退伙事由出现；（2）经全体合伙人同意退伙；（3）发生合伙人难于继续参加合伙企业的事由；（4）其他合伙人严重违反合伙协议约定的义务。

合伙协议未约定合伙期限的，在不给合伙事务执行造成不利影响的前提下，合伙人可以不经其他合伙人同意而退伙，但应当提前30日通知其他合伙人。

合伙人不满足上述自愿退伙条件下擅自退伙的，应当赔偿由此给合伙企业造成的损失。

2. 当然退伙

合伙人有下列情形的，当然退伙：

（1）作为合伙人的自然人死亡或者被依法宣告死亡；

（2）个人丧失偿债能力；

（3）作为合伙人的法人或者其他组织依法被吊销营业执照、责令关闭、撤销，或者被宣告破产；

（4）法律规定或者合伙协议约定合伙人必须具有相关资格而丧失该资格；

（5）合伙人在合伙企业中的全部财产份额被人民法院强制执行；

（6）自然人合伙人丧失行为能力，其他合伙人未能一致同意其转变为有限合伙人。

当然退伙事由实际发生之日为退伙生效日。

3. 除名退伙

合伙人有下列情形之一的，经其他合伙人一致同意，可以决议将其除名：

（1）未履行出资义务；

（2）因故意或者重大过失给合伙企业造成损失；

（3）执行合伙事务时有不正当行为；

（4）发生合伙协议约定的事由。

（二）退伙的效力

合伙人退伙后，丧失了合伙人的身份，导致合伙企业对合伙财产进行清理与结算，但合伙人退伙并不必然导致合伙的解散，只要合伙企业仍存在 2 个以上合伙人，合伙企业仍然存续。而且退伙也不意味着退伙人的义务的终止，普通合伙人退伙的，对基于其退伙前的原因发生的合伙企业债务，承担无限连带责任。有限合伙人退伙的，对基于其退伙前的原因发生的有限合伙企业债务，以其退伙时从有限合伙企业中取回的财产承担责任。

（三）合伙份额的继承

合伙人死亡或者被依法宣告死亡的，对该合伙人在合伙企业中的财产份额享有合法继承权的继承人，按照合伙协议的约定或者经全体合伙人一致同意，从继承开始之日起，取得该合伙企业的合伙人资格。合伙人的继承人取得合伙人的身份应满足以下条件：

（1）继承人为完全行为能力人，按照合伙协议的约定或全体合伙人一致同意取得普通合伙人资格；

（2）继承人非完全行为能力人，经全体合伙人一致同意，成为有限合伙人；

（3）有下列情形之一的，合伙企业向继承人退还被继承人的财产份额：继承人不愿意成为合伙人；法律规定或者合伙协议约定合伙人必须具有相关资格，而该继承人未取得该资格；合伙协议约定不能成为合伙人的其他情形。

第五节 合伙企业的解散、清算

一、合伙的解散

合伙的解散是指合伙因某些法律事实的发生而使合伙归于消灭的行为。解散事由包括：

（1）合伙协议约定的经营期限届满，合伙人不愿继续经营的。

（2）合伙协议约定的解散事由出现。

（3）全体合伙人决定解散。

（4）合伙人已不具备法定人数满 30 天。

（5）合伙协议约定的合伙目的已经实现或者无法实现。

（6）被依法吊销营业执照、责令关闭或者被撤销。

（7）出现法律、行政法规规定的合伙企业解散的其他原因。

二、合伙企业的清算

合伙企业解散应当由清算人进行清算。

（一）清算人的确定

清算人可以由全体合伙人担任。经全体合伙人过半数同意，可以自合伙企业解散事由出现后 15 日内指定一个或者数个合伙人，或者委托第三人，担任清算人。

自合伙企业解散事由出现之日起十五日内未确定清算人的，合伙人或者其他利害关系人可以申请人民法院指定清算人。

（二）清算人的职责

清算人在清算期间执行下列事务：

（1）清理合伙企业财产，分别编制资产负债表和财产清单；

（2）处理与清算有关的合伙企业未了结事务；

（3）清缴所欠税款；

（4）清理债权、债务；

（5）处理合伙企业清偿债务后的剩余财产；

（6）代表合伙企业参加诉讼或者仲裁活动。

（三）清算程序

清算人自被确定之日起 10 日内将合伙企业解散事项通知债权人，并于 60 日内在报纸上公告。债权人应当自接到通知书之日起 30 日内，未接到通知书的自公告之日起 45 日内，向清算人申报债权。清算人应当对债权进行登记。按清算顺序清算财产。清算结束，清算人应当编制清算报告，经全体合伙人签名、盖章后，在 15 日内向企业登记机关报送清算报告，办理合伙企业注销登记。

（四）清偿的顺序

合伙企业财产在支付清算费用后，应按下列顺序清偿：

1. 合伙企业所欠职工工资和劳动保险费；

2. 合伙企业所欠税款；

3. 合伙企业的债务；

4. 按合伙协议利润分配比例分配。

合伙企业注销后的债务承担。合伙企业注销后，原普通合伙人对合伙企业存续期间的债务仍应承担连带责任，债权人仍然可以向普通合伙人进行追偿。

合伙企业的破产与债务清偿。合伙企业不能清偿到期债务的，债权人可以依法向人民法院提出破产清算申请，也可以要求普通合伙人清偿。

第七章　企业破产法

引例：

甲公司因不能清偿到期债务，向法院申请破产，法院受理了该案。甲公司是乙公司向银行借款的保证人，银行在得知甲公司破产的情况后，决定将其债权作为破产债权申报受偿。丙公司是甲的债权人，丙公司由于担心自己的债务得不到全额清偿，一再要求甲公司以部分财产偿还所欠丙公司的未到期债务，甲公司同意了丙公司的要求，并进行了清偿。分析银行能否将其担保债权作为破产债权申报受偿，甲公司提前偿还丙公司未到期债务的行为是否有效。

案例解析：

甲公司是乙公司向银行借款的保证人，因此无论甲公司向银行承担的是一般保证责任还是连带保证责任，银行对甲公司都享有保证之债的债权。未到期的债权，在破产申请受理时视为到期，附条件、附期限的债权和诉讼、仲裁未决的债权，债权人可以申报，担保之债应被认定为附条件的债权，银行作为债权人可以申报。法院已经受理了债务人甲公司的破产申请，而破产申请受理时属于债务人的全部财产，以及破产申请受理后至破产程序终结前债务人取得的财产，为债务人财产，破产人财产用于清偿全部破产债权，因此人民法院受理破产申请后，债务人对个别债权人的债务清偿是无效的。

第一节　概述

一、破产的概念及特征

企业破产法中的破产是指公司作为债务人不能清偿到期债务，并且资产不足以清偿全部债务或者明显缺乏清偿能力的，为保护多数债权人的利益，使之能得到公平受偿而设置的一种程序。

破产的法律特征：

1. 公司不能清偿到期债务。公司不能清偿到期债务是指：（1）公司所负担债务的存在；（2）该债务的标的必须是金钱或能以金钱计算的利益；（3）该债务必须已届支付期限。

2. 存在两个以上的债权人。如果只有一个债权人，采用一般民事执行程序可清偿债务。

3. 破产的目的是使债权人得到公平清偿。公平清偿，是指将债务人的财产，按照一定的程序和比例，公平合理地分配给各债权人。

4. 司法介入性。有关当事人的活动均应在法院的主持和监督下按照法定的程序进行。

二、破产法的适用范围

破产法是调整债务人不能清偿债务时，对其宣告破产，并强制执行其全部财产，使各债权人得到公平受偿，或者债权人与债务人达成重整或和解协议，进行整顿的过程中所发生的各种关系的法律规范的总称。

我国《公司法》未对公司破产做出具体规定，公司破产需按照《中华人民共和国企业破产法》（以下简称《企业破产法》）规定程序与条件履行清偿义务。《企业破产法》适用于所有的企业法人，只要企业具备独立的法律人格，拥有法人身份，其破产就应遵循《企业破产法》的规定。

《企业破产法》特别规定：商业银行、证券公司、保险公司等金融机构有本法第二条规定情形的，国务院金融监督管理机构可以向人民法院提出对该金融机构进行重整或者破产清算的申请。国务院金融监督管理机构依法对出现重大经营风险的金融机构采取接管、托管等措施的，可以向人民法院申请中止以该金融机构为被告或者被执行人的民事诉讼程序或者执行程序。金融机构实施破产的，国务院可以依据本法和其他有关法律的规定制定实施办法。

对企业法人之外的其他组织（如合伙企业、个人独资企业、学校、医院等）的清算，如果属于破产清算的，参照适用破产法规定的程序。

《企业破产法》第3条、第4条规定，破产案件由债务人住所地人民法院管辖；破产案件审理程序，本法没有规定的，适用民事诉讼法的有关规定。

三、破产法的基本原则

《企业破产法》基本原则是贯穿于其中的全部规范并对执行该法具有指导作用和约束力的一般准则。主要包括：

1. 国家干预的原则。破产活动要在法院的主持和监督下进行。必要时，行政主管、监察、审计、检察等部门也要参与。

2. 保护债权人、债务人合法权益原则。破产法赋予债权人、债务人一系列实体性权利，而且包括一系列程序性权利。

3. 破产清算与重整、和解相结合的原则。我国企业破产法专章规定了重整制度，并进一步完善了和解程序。

4. 保护职工利益的原则。体现在如规定债权人会议应当有债务人的职工和工会的代表参加，并对有关事项发表意见。

第二节 破产的申请与受理界限

一、破产界限

（一）破产界限的概念

破产界限，亦称破产原因或破产事实，是指申请人向人民法院申请债务人破产，以及人民法院据以裁定是否受理该案件的客观标准。

破产界限是破产程序开始的实质性要件。《企业破产法》第2条规定，企业法人不能清偿到期债务，并且资产不足以清偿全部债务或者明显缺乏清偿能力的，依照本法规定清理债务。企业法人有前款规定情形的，或者可能丧失清偿能力的，可以依照本法规定进行重整。因此，当企业达到破产界限时，可以进行破产清算、和解或者重整。

（二）破产界限的规定

1. 企业法人不能清偿到期债务，并且资产不足以清偿全部债务。“不能清偿到期债务”即企业法人债务的清偿期限已到，债权人要求清偿，但作为债务人的企业法人无力清偿的情形。其构成要件包括：

（1）债务的清偿期限已到并且债权人已经要求清偿。到期债务既包括依照法定或约定到期的债务，也包括可推定的或经催告的清偿期已到的债务。此外对已到清偿期的债务，还需要债权人已经提出履行请求。

（2）债务人持续不能清偿到期债务。而非暂时不能清偿到期之债。若仅仅是由于一时筹资困难而不能清偿债务，不能认为是清偿不能。

（3）全面欠缺清偿能力。清偿不能，并非指对次要的局部的债务不能清偿，而是指对其全部或主要部分债务不能清偿。“资产不足以清偿全部债务”是指企业法人的资产总和小于其债务总和，即资不抵债，一般根据企业的资产负债表确定。

资不抵债的确定标准只是单纯从财产因素判断，而没有考虑债务人的信用与技术力量及知识产权等因素。企业法人即使财产不足，但如果有良好的信誉、优良的技术并可以此筹集款项，则有清偿债务的潜在能力，不属于清偿不能。此外，涉及公用企业和与国计民生有重大关系的企业，虽财产不足清偿也无偿债的潜力，但政府有关部门给予资助或采取其他措施帮助清偿债务的，也应视为具有清偿能力。因此，“资产不足以清偿全部债务”应与“不能清偿到期债务”一并作为判断债务人是否达到破产原因的标准。

2. 企业法人不能清偿到期债务，并且明显缺乏清偿能力。企业法人不能清偿到期债务，如果属于暂时资金周转不灵，不宜宣告其破产。但如果实际上已经丧失清偿能力，即使其资产负债表上的资产可能还略大于负债，但因技术落后导致目前市场价值大幅下降等，也可以启动破产程序清理债务，不一定要等到继续恶化到资不抵债时再宣告破产。

二、破产的申请与受理

（一）破产申请

破产申请的提出是当事人请求法院宣告债务人破产的诉讼行为。根据法律规定，有权提出破产申请的当事人包括指债权人、债务人以及依法负有清算责任的人。

破产申请人应当以书面方式向债务企业住所地的法院提出申请，并提交有关证据或资料。债务人提出申请的，还应当向法院提交财产状况说明、债务清册、债权清册、有关财务会计报告、职工安置预案以及职工工资的支付和社会保险费用的缴纳情况。提出申请后，在法院受理前，申请人可以请求撤回申请。但法院已经裁定受理破产申请的，申请人不能请求撤回。

（二）破产申请的受理

破产申请的受理是指法院在收到破产案件申请后认为申请符合法定条件而予以接受，并因此开始破产程序的司法行为。破产申请的受理是破产程序开始的标志。

《企业破产法》规定，债权人提出破产申请的，人民法院应当自收到申请之日起5日内通知债务人。债务人对申请有异议的，应当自收到人民法院的通知之日起 7 日内向人民法院提出。人民法院应当自异议期满之日起 10 日内裁定是否受理。对债权人以外的人即债务人自己或依法负有清算责任的人向法院提出申请的，人民法院应当自收到破产申请之日起 15 日内裁定是否受理。对债权债务关系复杂，一时难以查明，或资产评估困难等情况需要延长裁定受理期限的，经上一级人民法院批准，可以延长的期限最多为 15 日。

法院接到破产申请后，应立即进行审查。审查包括两方面的内容：一是审查一般破产要件，即债务人有无破产能力、申请人有无诉讼能力、申请权以及法定代表人和诉讼代理人资格是否适当、法院有无管辖权、破产申请书及其他材料是否齐备等。二是审查破产界限存在与否、申请人所述情况是否属实等。

（三）破产申请受理的效力

法院裁定受理破产申请，法院应指定破产管理人，确定第一次债权人会议召开的日期，通知有关当事人并公告。法院受理当事人破产申请后，破产债务人、破产债务人的有关人员和债务人的债务人或财产持有人等主体都应根据法律承担相应义务。

1. 破产债务人的义务：（1）不得无偿转让财产；（2）不得对个别债权人清偿；（3）如果是债权人提出破产申请的，债务人在收到法院受理通知后 15 日内，向法院提交财产状况说明、债务清册、债权清册、有关财务会计报告以及职工工资的支付和社会保险费用的缴纳情况。

2. 破产债务人有关人员的义务：（1）妥善保管其占有和管理的财产、印章和账簿、文书等资料；（2）根据人民法院、管理人的要求进行工作，并如实回答询问；（3）列席债权人会议并如实回答债权人的询问；（4）未经人民法院许可，不得离开住所地；（5）不得新任其他企业的董事、监事、高级管理人员。

这里的有关人员是指企业的法定代表人，经人民法院决定，可以包括企业的财务管理人员和其他经营管理人员。

3. 债务人的债务人或者财产持有人的清偿行为应向破产管理人履行。人民法院受理破产申请后，应当同时指定管理人，由管理人代表债务人对外接受债务清偿和财产交付。债务人的债务人或者财产持有人故意违反规定向债务人清偿债务或者交付财产，使债权人受到损失的，不免除其清偿债务或者交付财产的义务。

4. 对未履行完毕的合同的处理。人民法院受理破产申请后，管理人对破产申请受理前成立而债务人和对方当事人均未履行完毕的合同有权决定解除或者继续履行，并通知对方当事人。管理人自破产申请受理之日起 2 个月内未通知对方当事人，或者自收到对方当事人催告之日起 30 日内未答复的，视为解除合同。

管理人决定继续履行合同的，对方当事人应当履行；但是，对方当事人有权要求管理人提供担保。管理人不提供担保的，视为解除合同。

第三节　破产财产与破产债权

引例：

2007 年 7 月 1 日，人民法院裁定受理债务人甲公司的破产申请，并指定乙律师事务所担任管理人。在 10 月 10 日召开的第一次债权人会议上，管理人将甲公司的有关情况汇报如下：

1. 全部财产的变现价值为2000万元。其中包括：

（1）已作为丁银行贷款等值担保物的财产价值为250万元；

（2）管理人发现甲公司于2006年11月1日无偿转让140万元的财产，遂向人民法院申请予以撤销、追回财产，并于2007年10月1日将该财产全部追回；

（3）甲公司综合办公楼价值800万元，已用于对所欠乙企业500万元货款的抵押担保，货款尚未支付。

2. 欠发职工工资社会保险费用200万元、欠交税款100万元；管理人于7月15日解除了甲公司与丙公司所签的一份买卖合同，给丙公司造成了120万元的经济损失。

3. 人民法院的诉讼费用30万元，管理人报酬20万元，为继续营业而支付的职工工资及社会保险40万元。

根据《企业破产法》规定，分析以上所列债务人甲公司的财产和债务中：

1. 哪些属于破产费用？哪些属于共益债务？

2. 对甲公司无偿转让财产的行为，管理人是否有权请求人民法院予以撤销？并说明理由。

3. 丙公司是否可以就其120万元的经济损失申报债权？并说明理由。

4. 如果有财产担保的债权人丁银行、乙企业均不放弃优先受偿权，在债权人会议上就破产财产分配方案的表决中是否享有表决权？并说明理由。

5. 根据本题的具体数字，简述破产财产的清偿顺序。

6. 如果丙公司自最后分配公告之日起满2个月仍不领取其破产财产分配额，其分配额应如何处理？并说明理由。

案例解析：

1. 人民法院的诉讼费用30万元和管理人报酬20万元属于破产费用，为继续营业而支付的职工工资及社会保险40万元属于共益债务。

2. 甲公司在2006年11月1日无偿转让140万元的财产，人民法院于2007年7月1日受理了债务人甲公司的破产申请，在人民法院受理破产申请前一年内，债务人无偿转让财产影响其他债权人的合法权益，违背了《企业破产法》的宗旨，管理人有权请求人民法院予以撤销。

3. 可以。管理人或者债务人依照《企业破产法》规定解除合同的，对方当事人可以以因合同解除所产生的损害赔偿请求权申报债权。

4. 对债务人的特定财产享有担保权的债权人，未放弃优先受偿权利的，对于债权人会议上决定核查债权、更换管理人、审查管理人的费用和报酬、监督管理人、选任和更换债权人委员会成员、决定继续或者停止债务人的营业、通过重整计划、通过和解协议、通过破产财产的分配方案等事项不享有表决权。

5. 破产财产在优先清偿破产费用和共益债务后，依照下列顺序清偿：

（1）破产人所欠职工的工资和医疗、伤残补助、抚恤费用，所欠的应当划入职工个人账户的基本养老保险、基本医疗保险费用，以及法律、行政法规规定应当支付给职工的补偿金；

（2）破产人欠缴的除前项规定以外的社会保险费用和破产人所欠税款；

（3）普通破产债权。

破产财产不足以清偿同一顺序的清偿要求的，按照比例分配。

而对债务人享有担保物权的债权人享有别除权，因此，本案中财产的清偿顺序为：

（1）丁银行和乙企业享有担保物权的债权优先受偿，即250万+500万；

（2）破产费用和共益债务，即30万+20万+40万；

（3）职工工资社会保险费用，即200万元；

（4）税款，即100万元；

（5）剩余860万按比例清偿普通债权。

6. 债权人未受领的破产财产分配额，管理人应当提存。债权人自最后分配公告之日起满2个月仍不领取的，视为放弃受领分配的权利，管理人或者人民法院应当将提存的分配额分配给其他债权人。如果丙公司自最后分配公告之日起满2个月仍不领取其破产财产分配额，则债权人未受领的破产财产分配额，管理人应当提存。

一、破产财产

（一）破产财产的概念及特征

破产财产是依照《企业破产法》的规定，在破产申请受理时，为了满足所有破产债权人的共同需要而组织管理起来的破产企业的全部财产。其特征有：

1. 破产财产是以清偿破产债权为目的的财产。

2. 破产财产是由破产企业占有、管理或者为其所有的财产。在破产宣告后，这些财产脱离破产企业管理而转变为破产管理人掌握控制。破产企业对外投资形成的股权及收益应当予以追收。对该股权可以出售或转让并将出售、转让所得列入破产财产进行分配。

3. 破产财产的构成是由法律确定的。

4. 破产财产须是可供扣押的财产。从维护公共利益和保护债务人的权利出发，不能扣押的财产不能作为破产财产。

（二）破产财产的范围

破产财产包括：

1. 破产申请受理时债务人所有的和经营管理的全部财产。

2. 破产申请受理后至破产程序终结前债务人取得的财产。

3. 因行使破产撤销权和认定破产无效行为而取回的债务人的财产。

4. 法院受理破产申请后，债务人的出资人尚未完全履行出资义务的，该出资人缴纳所欠缴出资的财产。

5. 债务人的董事、监事和高级管理人员利用职权从公司获取的非正常收入和侵占的应归还于公司的财产。

6. 债务人与他人共有的标的物、债权、知识产权等财产或财产权应当在破产清算中予以分割，债务人分割所得为破产财产；不能分割的，应当就其应得部分转让，转让所得属于破产财产。

7. 企业破产前受让他人财产并依法取得所有权或土地使用权的，即便未支付或未完全支付对价，该财产仍属于破产财产。

8. 债务人的财产被采取民事执行措施的，在受理破产案件后尚未执行的或未执行完毕的剩余部分，在该企业被宣告破产后列入破产财产。

9. 因错误执行而应当执行回转的财产，在执行回转后列入破产财产。

10. 债务人依照法律规定取得代位求偿权的，依该代位求偿权享有的债权属于破产财产。

11. 债务人在被宣告破产时未到期债权视为已到期，属于破产财产，但应减去未到期的利息。

（三）与破产财产相关的概念

1. 破产撤销权。又称为否认权，是指破产财产的管理人对于破产人在破产案件受理前的法定期间内，与他人进行的欺诈行为或对全体债权人公平清偿有损害的行为，有否认其效力并申请法院撤销的权利。

我国《企业破产法》第 31 条规定，人民法院受理破产申请前 1 年内，涉及债务人财产的下列行为，管理人有权请求人民法院予以撤销：

（1）无偿转让财产的；

（2）以明显不合理的价格进行交易的；

（3）对没有财产担保的债务提供财产担保的；

（4）对未到期的债务提前清偿的；

（5）放弃债权的。

第 32 条规定，人民法院受理破产申请前 6 个月内，债务人达到破产界限，仍对个别债权人进行清偿的，管理人有权请求人民法院予以撤销。

2. 破产无效行为。这是民法上无效行为制度的延伸，是指债务人在破产状态下实施的使破产财产不当减少或违反公平清偿原则，从而使债权人的一般清偿利益受到损害，依《企业破产法》的特别规定被确认为无效的财产处分行为。我国《企业破产法》第 33 条规定，涉及债务人财产的下列行为无效：（1）为逃避债务而隐匿、转移财产；（2）虚构债务或者承认不真实的债务的。这类行为自始无效，如果据此取得债务人财产的，应当予以追回。

3. 取回权。在破产宣告时，由破产企业经营管理的财产并非全部属于破产企业所有，如他人的寄存、寄售物品，或破产企业租赁的他人财物，其所有权属于他人。当企业被宣告破产时，所有权人有权通过管理人取回该物，注重由所有人行使的权利，称为取回权。

我国《企业破产法》第 38 条规定，人民法院受理破产申请后，债务人占有的不属于债务人的财产，该财产的权利人可以通过管理人取回，这种权利称为取回权。第 39 条规定，人民法院受理破产申请时，出卖人已将买卖标的物向作为买受人的债务人发运，债务人尚未收到且未付清全部价款的，出卖人可以取回在运途中的标的物。但是，管理人可以支付全部价款，请求出卖人交付标的物。

4. 别除权。这是指不依破产程序而能从破产企业的特定财产上得到优先受偿的权利。只要在破产申请受理时破产企业已经以自己的特定财产向债权人设定了合法有效的担保债权人就可以对担保债权的财产依法行使别除权，就所担保的标的物有优先受偿的权利。

人民法院受理破产申请后，管理人可以通过清偿债务或者提供为债权人接受的担保，取回质物、留置物。前款规定的债务清偿或者替代担保，在质物或者留置物的价值低于被担保的债权额时，以该质物或者留置物当时的市场价值为限。

5. 抵消权。这是指破产债权人在破产申请受理时，对破产企业负有债务的，享有在破产清算前以其债权充抵其债务的权利。债权人在破产申请受理前对债务人负有债务的，可以向管理人主张抵销。但是，有下列情形之一的，不得抵销：

（1）债务人的债务人在破产申请受理后取得他人对债务人的债权的。

（2）债权人已知债务人有不能清偿到期债务或者破产申请的事实，对债务人负担债务的；但是，债权人因为法律规定或者有破产申请一年前所发生的原因而负担债务的除外。

（3）债务人的债务人已知债务人有不能清偿到期债务或者破产申请的事实，对债务人取得债权的；但是，债务人的债务人因为法律规定或者有破产申请 1 年前所发生的原因而取得债权的除外。

二、破产债权

（一）破产债权及特征

破产债权是债权人所享有的能够依据国家强制力，通过破产程序从债务人的财产中受到清偿的财产请求权。它不同于一般债权债务关系，有以下 4 个特征：

1. 破产债权是相对权。所谓相对权，亦称对人权，是指特定人之间的权利义务关系，即破产债权人只享有要求债务人履行一定义务的权利。基于所有权而享有的取回权，不属于破产债权。

2. 破产债权是财产上的请求权。破产债权人权利所指向的对象是金钱或可用金钱计算的标的。单纯身份上的权利，如以债务人的某种行为为标的的请求权，不属于破产债权，但因为债务人作为或不作为已转为损害赔偿债权的，则成为破产债权。

3. 破产债权必须是基于破产受理前的原因发生的请求权。如果是破产受理后发生的债权债务关系，则不能列入破产债权。

4. 破产债权必须是对可以强制执行的财产的请求权。不能强制执行的如劳务之债、已过诉讼时效而债务人仍表示愿意履行的债等不属于破产债权。

（二）破产债权的范围

破产债权包括：

1. 破产申请受理前成立的、以财产给付为内容的无财产担保的债权。

2. 有财产担保的债权。

3. 债务人的保证人或者其他连带债务人因已经代替债务人清偿债务而取得的对债务人的求偿权。

4. 管理人或者债务人解除合同的，对方当事人因合同解除所产生的损害赔偿请求权。以实际损失计算。

5. 因委托合同产生的债权。债务人是委托合同的委托人，受托人未接到破产申请受理通知，并且不知道有破产申请受理的事实而继续处理委托事务所产生的请求权。

6. 票据追索权。票据的付款人或承兑人因不知票据的出票人正处于企业破产程序中而继续付款或者承兑所产生的请求权。

7. 人民法院认可的其他债权。如债务人在破产受理前因侵权、违约给他人造成财产损失而产生的赔偿责任。

下列债权不属于破产债权：

1. 行政、司法机关对破产企业的罚款、罚金以及其他有关费用。

2. 法院受理破产案件后债务人未支付应付款项的滞纳金，包括债务人未执行生效法律文书应当加倍支付的迟延利息和劳动保险金的滞纳金。

3. 破产申请受理后的债务利息。

4. 债权人参加破产程序所支出的费用。

5. 破产企业的股权、股票持有人在股权、股票上的权利。

6. 因破产申请受理后的债务不履行行为所产生的损害赔偿及违约金。

7. 超过诉讼时效的债权。

需要注意的是，政府无偿拨付给债务人的资金不属于破产债权，但财政、扶贫、科技管理等行政部门通过签订合同，按有偿使用、定期归还原则发放的款项，可作为破产债权。

（三）破产债权的申报与审查、确认

债权申报是债权人主张并证明债权的单方意思表示，是债权人参加破产程序的必要条件。逾期未申报债权的，视为放弃债权。

债权申报书的内容包括：债权发生事实及有关证据、债权性质和数额以及债权有无财产担保、有财产担保的应提供证据。

债权申报期限是允许债权人向法院申报其债权的固定期限。《企业破产法》规定，人民法院受理破产申请后，应当确定债权人申报债权期限，最短不得少于 30 日，最长不得超过 3 个月；同时对所有债权人不论是否知悉破产程序开始的事实设定了统一的申报起算点，即债权人申报债权期限自法院发布受理破产申请公告之日起计算。

管理人收到债权申报材料后应当登记造册，对申报的债权进行审查，并编制债权表，由管理人保存，供利害关系人查阅。

债权申报结束后，法院和债权人会议须对债权人申报的债权进行审查、确认，审查确认的程序是：

1. 第一次债权人会议核查管理人编制的债权表；

2. 债务人、债权人对债权表记载的债权无异议的，由法院裁定确认；

3. 债务人、债权人对债权表记载的债权有异议的，可向受理破产申请的法院提起诉讼。

法院和债权人会议对债权人申报的债权进行审查和确认的内容包括：

1. 所报债权的依据；

2. 债权申报主体资格及是否享有该债权；

3. 区分有、无财产担保债权，区分不同清偿顺序的债权。

第四节　破产管理人

一、破产管理人选任的主体

破产管理人是指人民法院受理破产申请案件后接管债务人财产并负责财产管理和其他有关事务的专门机构或专业人员。

纵观各国破产立法，可以选任破产管理人的主体主要有以下三种方式：法院选任、债权人会议选任、债权人选任与法院选任相结合。我国立法中采用法院选任破产管理人，即破产管理人由人民法院指定，对人民法院负责并接受债权人会议和债权人委员会监督。法院指定破产管理人应注意：

1. 法院一旦受理了破产申请后就应当指定破产管理人，而债权人会议与债权人委员会开始行使监督权需等到第一次债权人会议召开后。此期间法院应注重对指定管理人的管理，以免损害债权人利益。

2. 债权人会议召开后，认为管理人不能依法、公正履行职务或有其他不能胜任职务情形的，债权人会议可以请求法院予以解任，另行指定，法院对解任或续任有决定权。

二、破产管理人的选任范围

1. 清算组可担任管理人。破产中的清算组是由人民法院指定成立，对接管的破产企业财产进行清理、保管、估价以及处理和分配的专门机构。一般，清算组并不当然具有管理人资格，法院可以根据实际情况和担任管理人的必要条件指定该清算组担任管理人。

2. 依法设立的律师事务所、会计师事务所、破产清算事务所等社会中介机构或相关专业人员可担任管理人。自然人担任管理人的，应当参加执业责任保险。

3. 管理人的消极资格。有下列情形之一的，不得担任管理人：

（1）因故意犯罪受过刑事处罚；

（2）曾被吊销相关专业执业证书；

（3）与本案有利害关系；

（4）人民法院认为不宜担任管理人的其他情形。

三、破产管理人的职责

1. 接管债务人的财产、印章和账簿、文书等资料；

2. 调查债务人财产状况，制作财产状况报告；

3. 决定债务人的内部管理事务；

4. 决定债务人的日常开支和其他必要开支；

5. 在第一次债权人会议召开之前，决定继续或者停止债务人的营业；

6. 管理和处分债务人的财产；

7. 代表债务人参加诉讼、仲裁或者其他法律程序；

8. 提议召开债权人会议；

9. 人民法院认为管理人应当履行的其他职责。

管理人履行职责过程中应接受相关主体监督：首先，管理人应当向人民法院报告工作；其次，管理人接受债权人会议和债权人委员会的监督，当管理人的处分行为对债权人利益有重大影响时应当及时报告债权人委员会；最后，管理人应当列席债权人会议，向债权人会议报告职务执行情况并回答询问。

四、破产管理人的权利和义务

1. 管理人的报酬请求权。管理人的报酬由人民法院确定。若债权人会议对此有异议，有权向法院提出。

2. 管理人的勤勉与忠实义务。勤勉义务是破产管理人负有以善良管理人的注意处理债务人事务的义务，忠实义务是指管理人执行其职务应忠实尽力。它要求管理人竭尽忠诚地执行管理工作并诚实、正当地履行职责，不得使个人私利与债务人、债权人利益相矛盾；若出现这种情况，应采取公司利益优先的原则。

3. 管理人不得任意辞去职务的义务。管理人没有正当理由不得辞去职务。管理人辞去职务应当经人民法院许可。

第五节　债权人会议

一、债权人会议的概念及组成

债权人会议是债权人依照法院的通知或公告而组成的表达全体债权人的共同意志、参与破产程序并对有关破产事项进行决议的议事机构。

债权人会议由申报债权的债权人组成。当委托代理人参加时，代理人应当向法院或债权人会议主席提交授权委托书。

债权人会议设主席一人，由法院从有表决权的债权人中指定。债权人会议主席主持债权人会议；债权人会议应当有债务人的职工和工会的代表参加，并对有关事项发表意见。

第一次债权人会议由人民法院召集，自债权申报期限届满之日起 15 日内召开。以后的债权人会议，在人民法院认为必要时，或者管理人、债权人委员会、占债权总额 1/4 以上的债权人向债权人会议主席提议时召开。

二、债权人会议的职权

债权人会议行使下列职权：1. 核查债权；2. 申请人民法院更换管理人，审查管理人的费用和报酬；3. 监督管理人；4. 选任和更换债权人委员会成员；5. 决定继续或者停止债务人的营业；6. 通过重整计划；7. 通过和解协议；8. 通过债务人财产的管理方案；9. 通过破产财产的变价方案；10. 通过破产财产的分配方案；11. 人民法院认为应当由债权人会议行使的其他职权。

三、债权人委员会

债权人会议可以决定设立债权人委员会。债权人委员会由债权人会议选任的债权人代表和 1 名债务人的职工代表或者工会代表组成。债权人委员会成员不得超过 9 人。

债权人委员会成员应当经人民法院书面决定认可。债权人委员会行使下列职权：1. 监督债务人财产的管理和处分；2. 监督破产财产分配；3. 提议召开债权人会议；4. 债权人会议委托的其他职权。

四、债权人会议决议

债权人会议的决议，由出席会议的有表决权的债权人过半数通过，并且其所代表的债权额占无财产担保债权总额的 1/2 以上。债权人会议的决议，对于全体债权人均有约束力。

少数债权人拒绝参加债权人会议，不影响会议召开，但会议不得做出剥夺其对破产财产受偿的机会或不利于其受偿的决议。

关于债权人会议决议的几个问题：

1. 对有担保权的债权人，即使未放弃优先受偿权利的，除了“通过和解协议”“通过破产财产的分配方案”外，对于债权人会议的一般表决事项仍有表决权。

2. 债权尚未确定，除法院能够为其行使表决权而临时确定债权额的外，不得行使表决权。

3. 通过重整计划、和解协议的决议，必须占无财产担保债权总额的 2/3 以上。

4. 债务人财产的管理方案、破产财产的变价方案，经债权人会议表决未通过的，由法院裁定；破产财产的分配方案，经债权人会议二次表决仍未通过的，由法院裁定。

第六节 重整与和解

一、重整

破产法上的重整是指对已经具有破产原因或有破产原因而又有再生希望的债务人实施的旨在拯救其生存的积极程序，其目的在于恢复债务人的经营能力。

（一）重整申请人

可以提出重整申请的主体既可以是债权人也可以是债务人或债务人的股东。

1. 债权人提出重整申请。重整程序中的债权人包括有财产担保的债权人、附期限或附条件的债权人、普通债权人。

2. 债务人提出重整申请。债务人可以直接向人民法院申请对债务人进行重整，也可以在债权人申请对其进行破产清算，在人民法院受理后、宣告债务人破产前，向人民法院申请重整。

3. 债务人的股东提出重整申请。法律要求提出重整程序的出资人的出资额需占债务人注册资本 1/10 以上。

（二）重整期间各利益相关人的权利与义务

1. 债务人财产与营业事务的处理权。自人民法院裁定债务人重整之日起至重整程序终止，为重整期间。在重整期间，经债务人申请，人民法院批准，债务人可以在管理人的监督下自行管理财产和营业事务。此时，已接管债务人财产和营业事务的管理人应当向债务人移交财产和营业事务，法律规定的管理人的职权由债务人行使。管理人负责管理财产和营业事务的，可以聘任债务人的经营管理人员负责营业事务。

2. 关于担保人行使权利的限制。在重整期间，对债务人的特定财产享有的担保权暂停行使。但是，担保物有损坏或者价值明显减少的可能，足以危害担保权人权利的，担保权人可以向人民法院请求恢复行使担保权。在重整期间，债务人或者管理人为继续营业而借款的，可以为该借款设定担保。

3. 关于股权行使的限制。在重整期间，债务人的出资人不得请求投资收益分配。在重整期间，债务人的董事、监事、高级管理人员不得向第三人转让其持有的债务人的股权。但是，经人民法院同意的除外。

此外，债务人合法占有的他人财产，该财产的权利人在重整期间要求取回的，应当符合事先约定的条件。

（三）重整与和解、清算的关系

重整与和解、清算都是我国《企业破产法》中的程序，其功能各不相同，互相之间存在密切联系但又不能替代。这三者之间的区别主要体现在：

1. 法律功能不同

清算是为了破产还债，在使债权人得到公平清偿的同时，通过市场主体的优胜劣汰来达到资源合理配置的目的；和解为债权人提供了一条简便、有效地受偿途径，同时一定程度上使得债务人免于破产；重整则是赋予债务人再生的机会从而达到稳定社会的目的。

2. 申请主体不同

和解申请一般只能由债务人提出，清算申请可以由债权人或债务人提出，而重整申请人最为宽泛，债权人、债务人以及债务人的出资人均可作为申请人提出重整申请。

3. 担保债权的法律地位不同

破产清算与和解程序中，有担保的债权人享有别除权，可以不经破产程序而单独受偿；而重整程序效力及于担保债权，担保债权人在重整程序中并不能行使别除权，而是与其他债权人一道通过重整程序来受偿。

三者的联系体现为：进入破产程序后，和解程序优于破产清算程序，重整程序又优于和解程序。进入重整程序后，有关债务人的和解程序或破产程序应当中止。

（四）重整计划

重整计划是指以维持债务人继续营业、清理其债务、谋求其再生为内容的协议。

1. 重整计划草案的提出。根据“谁管理谁制定重整计划草案”的原则，债务人自行管理财产和营业事务的，由债务人制定重整计划草案。管理人负责管理财产和营业事务的，由管理人制定重整计划草案。

债务人或者管理人应当自人民法院裁定债务人重整之日起 6 个月内，同时向人民法院和债权人会议提交重整计划草案；规定的期限届满，经债务人或者管理人请求，有正当理由的，人民法院可以裁定延期 3 个月。债务人或者管理人未按期提出重整计划草案的，人民法院应当裁定终止重整程序，并宣告债务人破产。

2. 重整计划的通过。重整计划草案实行分组表决的制度。分组表决就是将债权人按不同标准分为若干小组，再以小组为单位分别对重整计划草案进行表决，然后按各组表决的结果计算债权人会议表决的结果。

我国《企业破产法》规定的债权可分为如下几组：

（1）对债务人的特定财产享有担保权的债权；

（2）债务人所欠职工的工资和医疗、伤残补助、抚恤费用，所欠的应当划入职工个人账户的基本养老保险、基本医疗保险费用，以及法律、行政法规规定应当支付给职工的补偿金；

（3）债务人所欠税款；

（4）普通债权。

人民法院在必要时可以决定在普通债权组中设小额债权组对重整计划草案进行表决。

重整计划草案涉及出资人权益调整事项的，应当设出资人组，对该事项进行表决。

出席会议的同一表决组的债权人过半数同意重整计划草案，并且其所代表的债权额占该组债权总额的 2/3 以上的，即为该组通过重整计划草案。

部分表决组未通过重整计划草案的，债务人或者管理人可以同未通过重整计划草案的表决组协商。该表决组可以在协商后再表决一次。双方协商的结果不得损害其他表决组的利益。未通过重整计划草案的表决组拒绝再次表决或者再次表决仍未通过重整计划草案，在特定条件下，债务人或者管理人可以申请人民法院批准重整计划草案。

3. 重整计划的批准。自重整计划通过之日起 10 日内，债务人或者管理人应当向人民法院提出批准重整计划的申请。人民法院经审查认为符合法律规定的，应当自收到申请之日起 30 日内裁定批准、终止重整程序，并予以公告。

经人民法院裁定批准的重整计划，对债务人和全体债权人均有约束力。重整计划草案未获得通过且未依照法律的规定获得批准，或者已通过的重整计划未获得批准的，人民法院应当裁定终止重整程序，并宣告债务人破产。

4. 重整计划的执行。重整计划由债务人负责执行。法院裁定批准重整计划后，已接管财产和营业事务的管理人应当向债务人移交财产和营业事务。在重整计划规定的监督期内，由管理人监督重整计划的执行。在监督期内，债务人应当向管理人报告重整计划执行情况和债务人财务状况。

债务人不能执行或者不执行重整计划的，法院经管理人或者利害关系人请求，应当裁定终止重整计划的执行，并宣告债务人破产。此时，债权人在重整计划中做出的债权调整的承诺失去效力，但债权人因执行重整计划所受的清偿仍然有效，债权未受清偿的部分作为破产债权继续受偿。但此时债权人只有在其他同顺位债权人同自己所受的清偿达到同一比例时，才能继续接受分配。

如果重整计划顺利执行完毕，按照重整计划减免的债务，自重整计划执行完毕时起，债务人不再承担清偿责任。

二、和解

和解是指具备破产原因的债务人，为避免破产清算，而与债权人会议达成以让步方法了结债务的协议，该协议经法院认可后生效的法律程序。

1. 和解申请的提出。破产和解只能由债务人提出，债务人可以依照本法规定，直接向人民法院申请和解；也可以在人民法院受理破产申请后、宣告债务人破产前，向人民法院申请和解。法院经审查认为和解合法的，应当裁定和解，予以公告，并召集债权人会议讨论和解协议草案。

2. 和解协议草案的提出、通过及认定。债务人申请和解，应当提出和解协议草案。内容主要包括减免债务清偿的数量、延期清偿债务的期限等。债务人提出的和解协议草案，必须经债权人会议通过，即由出席会议的有表决权的债权人过半数同意，并且其所代表的债权额占无财产担保债权总额的 2/3 以上。此时注意有担保的债权人就此事项无表决权。

债权人会议通过和解协议的，由人民法院裁定认可，终止和解程序，并予以公告。管理人应当向债务人移交财产和营业事务，并向人民法院提交执行职务的报告。和解协议草案经债权人会议表决未获得通过，或者已经债权人会议通过的和解协议未获得人民法院认可的，人民法院应当裁定终止和解程序，并宣告债务人破产。

3. 和解协议的效力。和解协议的债权人是指法院受理破产申请时对债务人享有无财产担保债权的人。此时，对债务人的特点财产享有担保权的权利人，自法院裁定和解之日起可以行使权利。

和解债权人未依照本法规定申报债权的，在和解协议执行期间不得行使权利；在和解协议执行完毕后，可以按照和解协议规定的清偿条件行使权利。债务人应当按照和解协议规定的条件清偿债务。按照和解协议减免的债务，自和解协议执行完毕时起，债务人不再承担清偿责任。

因债务人的欺诈或者其他违法行为而成立的和解协议，人民法院应当裁定无效，并宣告债务人破产。此时，和解债权人因执行和解协议所受的清偿，在其他债权人所受清偿同等比例的范围内，不予返还。

债务人不能执行或者不执行和解协议的，人民法院经和解债权人请求，应当裁定终止和解协议的执行，并恢复已经中断的破产程序，宣告债务人破产。

人民法院裁定终止和解协议执行的，和解债权人在和解协议中做出的债权调整的承诺失去效力。和解债权人因执行和解协议所受的清偿仍然有效，和解债权未受清偿的部分作为破产债权。该债权人只有在其他债权人同自己所受的清偿达到同一比例时，才能继续接受分配。此时为和解协议的执行提供的担保继续有效。

人民法院受理破产申请后，债务人与全体债权人就债权债务的处理自行达成协议的，可以请求人民法院裁定认可，并终结破产程序。

第七节　破产清算

一、破产宣告

（一）破产宣告及其形式

1. 破产宣告的概念

破产宣告是指受理破产案件的法院对于具备破产原因的债务人的破产事实予以认定，并使债务人进入破产清算程序的一种司法裁定行为。法院在对债务人破产案件进行审查后，认为符合破产条件的，裁定宣告破产。依照《企业破产法》，人民法院依法规定宣告债务人破产的，应当自裁定做出之日起 5 日内送达债务人和管理人，自裁定做出之日起 10 日内通知已知债权人，并予以公告。

2. 破产宣告的形式

宣告债务人破产应当公开进行。破产宣告，人民法院应当以裁定形式做出。裁定一般是人民法院对司法程序中的程序性事项做出的裁决和判定。破产宣告的裁定一般包括债务人的基本情况、宣告债务人破产的事由、破产宣告的日期等内容。

（二）破产宣告的效力

破产宣告，标志着破产案件转入破产清算程序。破产宣告以前，债务人还可以通过和解或者其他方式避免破产清算。一旦进入破产宣告，破产案件不可逆转地进入清算程序，从而揭开最终导致债务人消亡程序的序幕。

1. 对债务人的效力

破产宣告后，债务人称为破产人。破产人的称谓标志着债务人及其有关人员的权利将受到限制。

2. 对债务人财产的效力

破产宣告后，债务人财产将成为破产财产，为管理人占有、支配并用于破产分配的财产。

破产清算程序就是将破产财产分配给债权人的过程。按照《企业破产法》规定，凡属于债务人的财产，无论是否作为担保债权的标的物，破产案件终结前均属于破产财产。

3. 对债权人的效力

债务人被宣告破产后，人民法院受理破产申请时对债务人享有的债权称为破产债权。破产债权又称为普通债权，可以通过破产程序按照法律规定的破产财产分配顺位得到清偿。破产清算中，只有对破产财产享有破产债权的债权人可以参加破产财产的分配。对债务人的特定财产享有担保权的权利人，对该特定财产享有优先受偿权，不参加破产财产的分配。但是债权人行使优先受偿权未能完全受偿的，其未能完全受偿的债权作为普通债权参与破产财产的分配；放弃优先受偿权的，也作为普通债权参与破产财产分配。

4. 对第三人的效力

取回权人可以行使权利，破产人的债务人也应该向管理人清偿债务，破产财产的占有人应向管理人交付财产。

二、破产费用和共益债务

（一）破产费用

破产费用是在破产程序中，为全体债权人共同利益而支付的各项费用的总和，包括：破产案件诉讼费用；管理、变价和分配债务人财产的费用；管理人执行职务的费用、报酬和聘用工作人员的费用。

（二）共益债务

共益债务是在破产程序中，为全体债权人利益所负担的各种债务的总称，包括：因管理人或者债务人请求对方当事人履行双方均未履行完毕的合同所产生的债务；债务人财产受无因管理所产生的债务；因债务人不当得利所产生的债务；为债务人继续营业而应支付的劳动报酬和社会保险费用以及由此产生的其他债务；管理人或者相关人员执行职务致人损害所产生的债务；债务人财产致人损害所产生的债务。

破产费用和共益债务由债务人财产随时清偿。债务人财产不足以清偿所有破产费用和共益债务的，先行清偿破产费用。债务人财产不足以清偿所有破产费用或者共益债务的，按照比例清偿。债务人财产不足以清偿破产费用的，管理人应当提请人民法院终结破产程序。人民法院应当自收到请求之日起十五日内裁定终结破产程序，并予以公告。

三、破产财产的变价与分配

破产清算是破产宣告后，管理人在有关当事人的参加下，对破产企业的财产依法进行保管、清理、估价、处理和分配，以了结破产企业债务的程序。

（一）破产财产的变价

管理人应当及时拟订破产财产变价方案，提交债权人会议讨论。管理人应当按照债权人会议通过的或者人民法院裁定的破产财产变价方案，适时变价出售破产财产。变价方式主要有拍卖和变卖，以拍卖为主。

（二）破产财产分配的顺序

破产财产分配的顺序即将破产财产分配给债权人的先后次序。我国《企业破产法》第 113 条规定，破产财产在优先清偿破产费用和共益债务后，依照下列顺序清偿：

（1）破产人所欠职工的工资和医疗、伤残补助、抚恤费用，所欠的应当划入职工个人账户的基本养老保险、基本医疗保险费用，以及法律、行政法规规定应当支付给职工的补偿金。

（2）破产人欠缴的除前项规定以外的社会保险费用和破产人所欠税款。

（3）普通破产债权。

破产财产不足以清偿同一顺序的清偿要求的，按照比例分配。前一顺序的债权受偿后没有剩余财产的，后一顺序债权不能受偿，破产程序就此宣告终结。破产企业的董事、监事和高级管理人员的工资按照该企业职工的平均工资计算。

（三）破产财产的分配方案

这是如何将破产财产用于对破产债权进行清偿的说明性文件，是管理人分配破产财产的基础和依据，一般由管理人依法拟订。法律赋予债权人对破产财产分配方案的审查权。对破产财产分配方案的表决，由出席会议有表决权的债权人过半数通过，并且其所代表的债权额占无财产担保债权总额的 1/2 以上。此时应当明确有担保的债权人对此事项无表决权。破产财产的分配方案经债权人会议 2 次表决仍未通过的，由法院裁定。同时，经债权人会议表决通过的破产财产的分配方案并不当然具有法律效力，须经法院审查确认以裁判方式认可。

（四）破产财产的分配

破产财产分配方案经人民法院裁定认可后，由管理人执行。如果破产财产分配方案涉及多次分配的，管理人必须将每一次分配的破产财产种类、总额和待清偿的债权人的债权数额进行公告。分配方式主要有三：货币分配、实物分配和债权分配，其中以货币分配为主。

（五）特殊债权的清偿

1. 附条件债权的清偿。对于附生效条件或者解除条件的债权，管理人应当将其分配额提存。在最后分配公告日，生效条件未成就或者解除条件成就的，应当分配给其他债权人；在最后分配公告日，生效条件成就或者解除条件未成就的，应当交付给债权人。

2. 债权人未受领的破产财产分配额的处理。管理人应当提存，债权人自最后分配公告之日起满 2 个月仍不领取的，视为放弃受领分配的权利，管理人或者人民法院应当将提存的分配额分配给其他债权人。

3. 未决债权的清偿。破产财产分配时，对于诉讼或者仲裁未决的债权，管理人应当将其分配额提存。自破产程序终结之日起满二年仍不能受领分配的，人民法院应当将提存的分配额分配给其他债权人。

四、破产终结

破产终结是指破产企业无破产可分或破产财产分配完毕，由破产管理人提请法院结束破产程序，并向破产企业原登记机关办理注销登记的程序。

法院应在收到管理人的报告和终结破产程序的申请后，认为符合破产程序终结规定的，应当在收到管理人终结破产程序的申请之日起 15 日内做出终结破产程序的裁定。裁定终结的，应当予以公告。管理人应当自破产程序终结之日起 10 日内，持人民法院终结破产程序的裁定，向破产人的原登记机关办理注销登记。

第八章　合同法

第一节　合同法概述

引例：

某煤业集团有限公司（以下简称甲方）与某机电公司（以下称乙方）是长期矿山机电产品供需协作单位。某年8月，甲乙双方签订了一份机电购销合同，约定由乙方向甲方供应20千瓦电机10台。合同未注明电机是直流电机还是交流电机，但根据价格和双方以往的交易，甲方购买的电机应是直流电机。甲方强调因技术改造急需，该批电机必须在20天内交付，为此双方约定逾期交货由乙方支付违约金 6 万元。合同签订后，乙方即四处寻找货源，至第 19 天时尚无着落。乙方经理王某为逃避支付违约金，便准备了20千瓦交流电机。在甲方开车提货时，乙方将10台20千瓦交流电机装车让甲方运走。因双方系长期合作单位，装车后甲方也未细看。在卸车开箱时，甲方发现乙方所供电机不是自己所需的直流电机，于是指责乙方以假充真，要求支付6万元违约金并交付10台直流电机。双方为此争执一月之久。此时乙方已购进20千瓦直流电机，遂给甲方换了电机，但拒不承认逾期交货，称原合同并未注明电机系直流或交流，致使发货人产生误解，其损失应由甲方自行承担。

案例解析：

在本案中，乙方的行为违反了诚实信用原则。诚信原则要求当事人之间的利益以及当事人利益与社会利益之间的平衡。当事人在行使权利和履行义务时要遵循诚实信用原则。虽然双方所订合同没有明确是交流电机还是直流电机，但根据双方的交易习惯，可以明确买卖标的物应是直流电机。同时，乙方调换电机的行为也可以证实这一点。本案中，乙方对甲方所购货物的用途应有所了解，且两种电机的价格相差甚远，乙方以不知合同中的标的系直流或交流电机为由，以交流电机顶替直流电机违背诚实信用原则，有明显的过错，应负违约责任。

一、合同的概念及特征

我国《合同法》第2条规定，合同是平等主体的自然人、法人、其他组织之间设立、变更、终止民事权利义务关系的协议。同时规定，婚姻、收养、监护等有关身份关系的协议，适用其他法律的规定。合同具有如下法律特征：

1. 合同是一种民事行为。合同以意思表示为要素，并且按意思表示的内容赋予法律效果，从而有别于事实行为。

2. 合同是双方以上当事人的意思表示一致的民事行为。合同的成立必须有双方以上的当事人，他们互为意思表示，并且意思表示相一致。这是合同区别于单方民事行为的重要标志。

3. 合同是以设立、变更、终止民事权利义务关系为目的的民事行为。任何民事行为均有目的性，合同的目的性在于设立、变更、终止民事法律关系。

4. 合同是当事人各方在平等、自愿的基础上实施的民事行为。在民法上，当事人各方在订立合同时的法律地位是平等的，其意思表示是自主自愿的。

二、合同的分类

（一）双务合同与单务合同

以给付义务是否由双方当事人互负为标准，合同分为双务合同与单务合同。

双务合同是双方当事人互负对待给付义务的合同，即一方当事人之所以负给付义务，在于取得对待给付，如买卖、租赁、承揽、保管等合同。

单务合同是指仅有一方当事人负给付义务的合同，如赠与、借用等合同。

（二）有名合同与无名合同

以法律是否设有规范并赋予一个特定名称为标准，合同分为有名合同和无名合同

有名合同，又称典型合同，是指法律设有规范，并赋予一定名称的合同。《合同法》规定的买卖、借款、租赁等合同均为有名合同。

无名合同，又称非典型合同，是指法律尚未特别规定，亦未赋予一定名称的合同。不同的非典型合同，适用法律的规则不同。其中有的参照《合同法》分则（《合同法》第124条）或者其他法律最相类似的规定，即类推适用；有的则采用结合说或者吸收说等。

（三）实定合同与射幸合同

以合同的效果在缔约时是否确定为标准，合同分为实定合同和射幸合同。

实定合同是指合同的法律效果在缔约时已经确定的合同。绝大多数合同都是实定合同。

射幸合同是指合同的法律效果在缔约时不能确定的合同，保险合同、彩票合同均属此类。

区分实定合同与射幸合同的法律意义在于，实定合同一般要求等价有偿，若不等价则可能被撤销乃至无效。射幸合同一般不能从等价与否的角度来衡量合同是否公平。

（四）诺成合同与实践合同

以合同的成立是否须交付标的物或者完成其他给付为标准，分为诺成合同和实践合同。

诺成合同是指只需要双方当事人的意思表示达成一致即可成立的合同，由于合同的本质就是合意，所以绝大多数种类的合同都是诺成合同。

实践合同是指除当事人达成合意以外还须交付标的物或者完成其他给付才能成立的合同，实践中，自然人之间的借款合同、保管合同、定金合同等为实践合同。

第二节　合同的订立

引例：

甲公司拟进口一批货物，请国外乙公司发盘。5月1日乙公司发盘：“5月31日前答复，报价为CFR价每箱2美元共200箱罐装沙丁鱼，7月份纽约港装运。”甲则发出以下还盘：“对你5月1日报价还盘为5月20日前答复，CFR价每箱1.8美元。”到5月20日甲尚未收到回电。鉴于该货市价看涨，甲于5月22日去电：“你5月1日电，我们接受。”请问该合同是否达成？

案例解析：

合同未达成。因为虽然表面看来，甲后来 5 月 22 日的接受仍是在乙发盘的有效期 5 月 31 日之内做出，但由于甲之前做出过还盘，而还盘在性质上是对发盘的拒绝，已导致原发盘失效。所以，甲在乙发盘失效后做出的接受当然无效，它实质上只是一项与乙的发盘内容相同的新发盘。由于甲的接受并非有效接受，因此合同未达成。合同若要达成，尚需乙的回电“确认”也即接受。

一、合同订立的形式

合同的订立是指两个或者两个以上的当事人，依法就合同的主要条款经过协商一致达成协议的法律行为。合同当事人可以是自然人，也可以是法人或者其他组织，但都应当具有与订立合同相应的民事权利能力和民事行为能力。当事人也可以依法委托代理人订立合同。

《合同法》规定，当事人订立合同有书面形式、口头形式和其他形式。法律、行政法规规定采用书面形式的，应当采用书面形式。当事人约定采用书面形式的，应当采用书面形式。

书面形式是指合同书、信件和数据电文等可以有形表现所载内容的形式，其优点为有据可查、防止争议和解决纠纷，是当事人最为普遍采用的一种合同约定形式。

口头形式是指当事人双方就合同内容面对面或以通信设备交谈达成协议，这种形式直接、简便、迅速，但发生纠纷时难以取证，不易分清责任。

法律没有列举具体的“其他形式”，但可以根据当事人的行为或者特定情形推定合同的成立。

二、合同订立的内容

合同的内容是指当事人经过协商达成的明确双方权利义务的具体条款。合同的内容由当事人约定，但是《合同法》为缔约人提供了示范，不过这些条款不是任何合同都必须具备的条款，而是一种提示性条款。主要包括：（1）当事人的姓名（名称）和住所；（2）标的；（3）数量和质量；（4）价款或酬金；（5）履行的期限、地点和方式；（6）违约责任；（7）解决争议的方式。

三、合同订立的程序

《合同法》第 13 条规定，当事人订立合同，采取要约、承诺方式。由此看来，合同的订立一般经过两个阶段，即要约和承诺。

（一）要约

1. 要约的概念及构成要件

要约是指希望和他人订立合同的意思表示。发出要约的一方为要约人，要约所指向人称为受要约人。要约的构成要件如下：

（1）要约必须是特定人所为的意思表示。所谓特定人，是指能为外界客观确定的人。自动售卖机之所以可视为是一种要约，原因就在于自动售卖机的设置，必为特定的人所为。

（2）要约必须是向要约人希望与之缔结合同的受要约人发出。但是在特殊情况下，要约人也可以向不特定人发出要约，如商业广告的内容符合要约规定的，视为要约。

（3）要约必须具有缔结合同的目的。要约必须以缔结合同为目的，凡不是以缔结合同为目的的行为，例如邀请参加典礼的请柬，尽管表达了当事人的真实意愿，也不是要约。

（4）要约的内容必须具体确定和完整。

（5）要约必须表明要约人得到承诺时即受其约束的意思。要约人必须向受要约人表明，要约一经受约人同意，合同即告成立，要约人就要受到约束。

2. 要约邀请

要约邀请是指希望他人向自己发出要约的意思表示。要约与要约邀请有以下几点区别：（1）要约必须包括未来可能订立合同的主要内容，而要约邀请的内容对于合同来说则是不完整不具体的；（2）要约中含有一种法律约束力的意思表示，即一经受要约人承诺，要约人则应承担要约所约定的义务，而要约邀请则不含有；（3）要约往往是向特定人发出，而要约邀请一般则是向不特定人发出。

根据我国《合同法》第 15 条的规定，寄送节目表、拍卖公告、招标公告、招股说明书、商业广告等为要约邀请；商业广告的内容符合要约规定的，视为要约。

3. 要约生效的时间

要约生效的时间是指要约从何时开始对要约人和受要约人产生法律效力。根据我国《合同法》第 16 条第 1 款规定，要约到达受要约人时生效。采用直接送达方式发出要约的，记载要约的文件交给受要约人时即为送达；采用普通邮寄方式送达的，以受要约人收到要约文件或者要约到达受要约人的信箱的时间为到达时间；采用数据电文方式发出要约的，电文进入收件人指定特定系统的时间或者未指定特定系统情况下电文进入收件人的任何系统的首次时间为要约到达时间。

4. 要约的撤回、撤销与失效

要约的撤回是指要约在发生法律效力之前，要约人欲使其丧失法律效力的意思表示。《合同法》第 17 条规定，要约可以撤回。撤回要约的通知应当在邀约到达受要约人之前或者与要约同时到达受要约人。

要约的撤销是指要约在发生法律效力之后，要约人欲使其丧失法律效力的意思表示。《合同法》第 18 条规定，要约可以撤销。撤销要约的通知应当在受要约人发出承诺通知之前到达受要约人。但是有下列情形之一的，要约不得撤销：（1）要约人确定了承诺期限或者以其他形式明示要约不可撤销；（2）受要约人有理由认为要约是不可撤销的，并已经为履行合同做了准备工作。

有下列情形的，要约失效：（1）拒绝要约的通知到达要约人；（2）要约人依法撤销要约；（3）承诺期限届满，受要约人未做出承诺；（4）受要约人对要约的内容做出了实质性的变更。

（二）承诺

1. 承诺的概念及构成要件

承诺是受要约人同意要约的意思表示。承诺一经做出，并送达到要约人，合同即告成立。承诺的有效要件包括：

（1）承诺必须由受要约人做出。受要约人的承诺行为，可由其本人或者代理人做出。

（2）承诺必须向要约人做出。向要约人的代理人做出的承诺，视为向要约人做出的承诺。

（3）承诺的方式必须符合要约的要求。根据《合同法》第 22 条的规定，承诺应当以通知的内容做出，但根据交易习惯或者要约表明可以通过行为做出承诺的除外。

（4）承诺的内容应与要约的内容一致。受要约人对要约内容进行实质性变更，不构成承诺，而是新要约。但承诺对要约的内容做出非实质性变更的，除要约人及时表示反对或者要约表明承诺不得对要约的内容做出任何变更的外，属于有效承诺，合同的内容以承诺的内容为准。

（5）承诺须在要约有效期限内到达要约人。受要约人超过承诺期限发出承诺的，除要约人及时通知受要约人该承诺有效的以外，为新要约。受要约人在承诺期限内发出承诺，按照通常情况能够及时到达要约人，但因其他原因承诺到达要约人时超过承诺期限的，除要约人及时通知受要约人因承诺超过期限不接受该承诺的以外，该承诺有效。

2. 承诺的生效与撤回

承诺通知到达要约人时生效。承诺不需要通知的，根据交易习惯或者要约的要求做出承诺的行为时生效。承诺可以撤回，但撤回承诺的通知应当在承诺通知到达要约人之前或者与承诺通知同时到达要约人。

第三节　合同的效力

引例：

甲乙为兄弟关系，父母早亡，另无兄弟姐妹，均未结婚。甲外出经商，托乙照看房屋，乙因赌博欠债，无力还款，竟以自己名义将该房屋出卖给丙，双方签订了房屋买卖合同，约定5月9日一同办理过户登记手续。5月5日甲因他事回家，知晓此事，未表示反对，但因心脏病突然发作，不治而亡。5月6日，丙因另外购买了便宜的房屋，欲不履行与乙的买卖合同，提出该房屋不属于乙所有，故买卖合同无效。遂与乙发生争议。

1. 在甲死亡以前，乙与丙所签订合同效力如何？为什么？

2. 本案应如何处理？为什么？

案例解析：

1. 依《合同法》第51条规定，无处分权的人处分他人财产，经权利人追认或者无处分权的人订立合同后取得处分权的，该合同有效。也就是说，无处分权人在未取得处分权时与他人订立的合同为效力未定的合同。该合同如果权利人本人予以拒绝，则为无效合同；如果权利人本人事后予以追认，或者无处分权人事后取得处分权的，则该合同为有效合同。

2. 本案中，乙并非房屋所有人而以自己名义将甲的房屋出售与丙，因此所订立的合同为效力未定的合同。甲知此事以后，未表示反对，后甲因心脏病发作突然死亡，乙因继承而取得该房屋的所有权，因此该合同可视为有效合同。丙应履行该房屋买卖合同，否则应承担违约责任。因为乙因继承而取得了房屋所有权。乙与丙订立的房屋买卖合同为效力未定合同，由于甲死亡，其无其他第一顺序继承人，因此，其遗产应由作为其第二顺序的继承人的兄弟乙继承，乙因继承而取得了该房屋的所有权，因而具有了处分权，其与丙所签订的合同，依《合同法》第51条规定为有效合同。据此，丙应当依照双方的约定履行合同，否则应依法承担违约责任。

一、合同的生效

合同的生效是指已依法成立的合同发生法律上的效力。合同的成立是指当事人经过要约和承诺，意思表示一致而达成协议，它主要解决合同是否存在的问题。合同成立与合同生效既有联系，又有重大区别。当事人就合同必备条款达成一致，表明合同已经存在，这涉及事实判断，并不意味着已经成立的合同一定能产生法律约束力。合同生效是以合同成立为前提的，但是否生效取决于法律规定的生效条件，属于价值判断。

二、有效合同

有效合同是指已成立的合同因具备了合同生效的要件，能依合同的约定产生相应的法律约束力的合同。一般来说，合同有效需要满足以下条件：

1. 当事人具有相应的行为能力。委托代理人代为订立合同时，代理人不仅应当具有相应的行为能力，还应当在委托代理权限内进行，该代理行为的法律后果直接归属于被代理人。

2. 当事人意思表示真实。当事人外在表示与内心意思是一致的，以欺诈、胁迫的手段订立的合同，损害国家利益，必然无效。

3. 合同的内容不违反法律和社会公共利益。合同的内容和订立的目的应当不得违反法律的强制性规定，不得损害国家、集体或第三人的利益，不得违反社会秩序和善良风俗。

三、无效合同

无效合同是指合同虽然已经成立，但因其在内容和形式上违反了法律、行政法规的强制性规定或社会公共利益，因而被确认为无效的合同。无效合同既可能是整个合同无效，也可能是合同部分条款无效，无效部分不影响其他部分的效力。无效合同种类主要有：一方以欺诈、胁迫手段订立合同，且损害国家利益；双方恶意串通，损害国家、集体、第三人利益；以合法形式掩盖非法目的；损害社会公共利益；违反法律、行政法规的强制性规定。

合同无效的法律后果是自始无效，当事人因无效合同取得的财产，应当予以返还；不能返还或者没有必要返还的，应当折价补偿。有过错的一方应当赔偿对方因此受到的损失，双方都有过错的，应当各自承担相应的责任。

四、可撤销合同

（一）可撤销合同的概念及特征

可撤销的合同，又称可变更的合同，是指当事人在订立合同时，因意思表示不真实，法律允许撤销权人通过行使撤销权而使已经生效的合同归于消灭。可撤销合同具有以下几个特征：可撤销合同在被撤销前是有效的，只有在被撤销后才是自始无效的；可撤销合同的发生事由是当事人的意思表示有缺陷；可撤销合同是有撤销权的当事人通过行使撤销权来实现的；可撤销合同的撤销权人要在法定期间内可以行使撤销权。

（二）撤销权的行使与消灭

根据《合同法》第 54 条规定，因重大误解、显失公平订立的合同，当事人一方有权请求人民法院或者仲裁机构变更或者撤销；一方以欺诈、胁迫的手段或者乘人之危，使对方在违背真实意思的情况下订立的合同，受损害方有权请求人民法院或者仲裁机构变更或者撤销。当事人请求变更的，人民法院或者仲裁机构不得撤销。

根据《合同法》第 55 条规定，具有撤销权的当事人自知道或者应当知道撤销事由之日起一年内没有行使撤销权的，撤销权消灭；具有撤销权的当事人知道撤销事由后可明确表示或者以自己的行为放弃撤销权。

五、效力待定合同

（一）效力待定合同的概念

效力待定的合同是指已经成立的合同因不完全符合合同有效的要件，其效力能否发生尚不确定，一般须经权利人表示追认才能生效的合同。效力待定的合同，首先是已经成立的合同；其次是其效力不确定，不确定的原因在于该合同不符合合同生效要件的规定。

（二）效力待定合同的种类

1. 限制民事行为能力人依法不能独立签订的合同

《合同法》第 47 条第 1 款规定，限制民事行为能力人订立的合同，经法定代理人追认后，该合同有效，但纯获利益的合同或者与其年龄、智力、精神健康状况相适应而订立的合同，不必经法定代理人追认。如限制民事行为能力人接受赠与、奖励等，对于这些纯获利益的合同，他人不得以行为人是限制民事行为能力人为由，主张该合同无效。

《合同法》第 47 条第 2 款规定，相对人可以催告法定代理人在一个月内予以追认。法定代理人未作表示的，视为拒绝追认。合同被追认之前，善意相对人有撤销的权利。撤销应当以通知的方式做出。

2. 无权代理人签订的合同

无权代理是指无权代理的人代理他人从事民事行为。无权代理可分为狭义的无权代理和表见代理两种。

（1）狭义无权代理是指行为人完全没有代理权而以被代理人的名义同他人订立合同。

此类效力待定的合同，经被代理人追认的，合同无效；不追认的，合同自始无效。在被代理人未予以追认之前，善意第三人可以催告其在一个月内予以追认，被代理人未作表示的，视为拒绝追认；善意第三人也可以撤销其与无权代理人所谓的意思表示。

（2）表见代理是指行为人虽无代理权，但善意第三人客观上有充分理由相信行为人有代理权，则该代理行为有效。

3. 无权处分合同

根据《合同法》第 51 条规定，无处分权的人处分他人财产，经权利人追认或者无处分权的人订立合同后取得处分权的，该合同有效。这里所说的权利人是指对财产享有处分权的人。权利人的追认可以直接向买受人做出，也可以向处分人做出；可以口头形式，也可以用书面形式，但必须用明示的方式做出。

第四节 合同的履行

一、合同履行的规则

合同履行是指债务人按照合同的约定或法律规定，全面地、正确地完成自己所承担的合同义务行为。合同履行的规则主要是指合同条款约定不明时的履行规则。

《合同法》第 61 条、第 62 条规定，合同生效后，当事人就质量、价款或者报酬、履行地点等内容没有约定或者约定不明确的，可以协议补充；不能达成补充协议的，按照合同有关条款或者交易习惯确定。当事人就有关合同内容约定不明确，依照前述规定仍不能确定的，适用下列规定：

1. 质量要求不明确的，按照国家标准、行业标准履行；没有国家标准、行业标准的，按照通常标准或者符合合同目的的特定标准履行。

2. 价款或者报酬不明确的，按照订立合同时履行地的市场价格履行；依法应当执行政府定价或者政府指导价的，按照规定履行。

3. 履行地点不明确，给付货币的，在接受货币一方所在地履行；交付不动产的，在不动产所在地履行；其他标的，在履行义务一方所在地履行。

4. 履行期限不明确的，债务人可以随时履行，债权人也可以随时要求履行，但应当给对方必要的准备时间。

5. 履行方式不明确的，按照有利于实现合同目的的方式履行。

6. 履行费用的负担不明确的，由履行义务一方负担。

二、合同履行中的抗辩权

抗辩权是指对抗请求权或否认对方的权利主张的权利，又称异议权，又分为永久性抗辩权和延期抗辩权。抗辩权只发生在双务合同中，单务合同不存在抗辩权。

（一）同时履行抗辩权

同时履行抗辩权是指在应当同时履行的双务合同中，一方当事人在同时履行的时间不能履行或者不能适当履行，另一方当事人到履行期时，享有拒绝自己履行的权利。其成立条件为：

1. 须因同一双务合同互负债务

可主张同时履行抗辩权的，是基于同一双务合同而生的对待给付。如果双方当事人的债务不是基于同一双务合同而发生，即使事实上有密切关系，也不得主张同时履行抗辩权。

2. 须双方互负的债务均已届清偿期

设置同时履行抗辩权的目的之一是使双方当事人所负的债务同时履行，所以，只有双方的债务同时届满时，才能行使同时履行抗辩权。

3. 须对方未履行债务或者未提出履行债务

原告向被告请求履行债务时，须自己已为履行或者已提出履行，否则，被告可行使同时履行抗辩权，拒绝履行自己的债务。

4. 须对方的对待给付是可能履行的

同时履行抗辩权制度旨在促使双方当事人同时履行债务，若对方当事人的对待给付已不可能时，同时履行的目的不能实现，不发生同时履行抗辩权，应由合同解除制度解决。

同时履行抗辩权一经行使，发生阻却他方请求权的效力，在他方未履行前可拒绝自己给付，但这只是暂时性地阻止对方当事人请求权的行使，而不是永久性的终止合同。

（二）先履行抗辩权

先履行抗辩权是指当事人互负债务，有先后顺序的，先履行一方未履行或履行债务不符合约定的，后履行一方有权拒绝其相应的履行要求，也称为后履行抗辩权。其成立条件为：

1. 须双方当事人互负债务；2. 两个债务须有先后履行顺序；3. 须双方债务期限均届满；4. 先履行一方未履行或其履行不符合合同约定。

先履行抗辩权属于暂时性抗辩权，作用是暂时阻却先履行一方请求权的行使。先履行抗辩权的行使不影响后履行一方主张违约责任。

（三）不安抗辩权

不安抗辩权是指双务合同一方当事人依约应先履行其债务，但在履行前，后履行一方难以对待履行时，先履行一方可以暂时中止合同履行的权利。其成立条件为：1. 双方当事人因同一双务合同而互负债务；2. 抗辩方负有先给付的义务，且已届履行期限；3. 后履行义务人在合同订立后，其履行能力明显降低，有不能对待给付的现实危险；4. 后履行一方未能提供履行合同的担保。

根据《合同法》第 69 条规定，行使不安抗辩权的一方，应当及时通知对方。对方提供适当担保时，应当恢复履行。中止履行后，对方在合理期限内未恢复履行能力并且未提供适当担保的，中止履行的一方可以解除合同。

三、合同的保全

合同的保全是指法律为了防止因债务人财产不当减少给债权人债权实现带来的危害，赋予债权人代位权和撤销权，以保护其债权的法律措施。

（一）代位权

代位权是指债务人怠于行使到期债权，因此危及债权人债权的实现时，债权人请求人民法院以自己的名义代位行使债务人债权的权利。其成立要件为：1. 债务人须享有对第三人的权利，并且此项权利必须是非专属于债务人本身的权利；2. 债务人怠于行使其权利；3. 债权人对债务人的合法债务已到清偿期；4. 债务人的合法债权也已到清偿期。

债权人应以自己的名义，通过诉讼的方式行使代位权，由次债务人（债务人的债务人）住所地法院管辖。在代位权诉讼中，原告是债权人，被告是次债务人，债权人可以将债务人列为第三人。代位权的行使范围以债权人的债权为限。

（二）撤销权

撤销权是指当债务人放弃对第三人的债权、无偿转让财产或者以明显不合理的低价处分财产而有害于债权人的债权时，债权人可以请求人民法院撤销债务人所实施的行为的权利。其成立要件为：1. 债权人对债务人存在着有效债权；2. 债务人实施了一定的处分财产行为；3. 债务人的处分行为有害于债权人债权的实现。

债权人行使撤销权也要通过诉讼的形式实现，该诉讼由债务人住所地法院管辖，原告是债权人，被告是债务人，受益人或受让人是诉讼上的第三人。撤销权的行使范围仍以债权人的债权为限。债权人应当自知道或者应当知道撤销是由之日起 1 年内行使权利，否则撤销权消灭；或者自债务人的行为发生之日起 5 年内没有行使撤销权的，该撤销权消灭。

第五节　合同的变更、转让和终止

引例：

甲、乙双方于2004年4月2日签订了买卖蔬菜种子的书面合同，约定由甲方向乙方提供100公斤种子，每公斤价格为100元。合同签订后，乙方提出价格偏高，甲乙双方经口头协商，一致同意降低单价。甲方在履行交付义务之后，向乙方催款。此时双方对种子单价发生争议。甲方提出："我当时同意将100元单价降至95元。"乙方则认为："你当时同意将100元单价降至90元。"双方就此争议提交法院裁决。

1. 书面合同能否采用口头形式予以变更？

2. 当事人对合同变更后的单价约定不明确的，是否可以适用《合同法》第78条判定为未变更？

3. 若认定合同已经变更，则应当采纳哪一方当事人的主张？

案例解析：

1. 甲乙双方在合同成立后，也就是买卖合同有效存续期间达成了变更协议，是符合变更的前提条件的。买卖合同并不是要式合同，对买卖合同进行变更并不需要采取书面形式，双方当事人以口头协议变更原合同，应予以支持。

2. 由于双方都承认达成了变更协议，因此，基于当事人的意思自治、契约自由原则，应当认定合同已经变更，而不宜适用《合同法》第78条的规定推定合同未变更。否则，就会产生极为荒唐的结果，即债权人虽承认降低了单价，但法院却给了他未曾主张的利益。

3. 确定合同变更的具体内容，也就是变更后的单价，应当根据举证规则予以确定。即若双方都不能提出能够证明各自主张的证据的情况下，因甲方已经承认把单价降至95元，而乙方虽然认为单价降至90元，但因不能提供证据证明，因此，对乙的主张不予采纳，而采纳甲方的主张。这也是符合公平和诚实信用原则的。

一、合同的变更

广义的合同变更，是指合同法律关系的主体、客体和内容的改变。狭义的合同变更是合同法律关系的课题和内容的改变，也就是指对合同各项条款的修改、补充、限制等。《合同法》规定所指的合同变更是指狭义的合同变更。

《合同法》第77条规定，当事人协商一致，可以变更合同。法律、行政法规规定变更合同应当办理批准、登记等手续的，依照其规定。

合同变更的条件为：1. 合同的变更通常为协议变更，特殊情况下是法定变更。2. 合同变更只是对合同内容部分修改和补充。3. 合同变更时必须遵循法定的程序和方式。

合同变更后发生的效力如下：1. 合同变更部分只对将来发生效力，不具有溯及力，未变更的部分继续有效。2. 如果合同的变更给一方当事人造成损失，可要求相对方承担损害赔偿的违约责任。3. 合同的担保作为主合同。债权的从权利，具有从属性，其效力受主合同债权的影响。

二、合同的转让

合同转让是指在不改变合同内容的前提下，将合同规定的权利、义务或权利义务概括转让给第三方，由受让人承担合同的权利、义务。主要分为：

（一）合同权利转让

合同权利转让，又称债权让与，是指债权人将合同权利转让给第三人，合同权利可以全部转让，受让人取代原债权人的法律地位；合同权利也可以部分转让，受让人作为第三人加入原合同关系，与原债权人同享债权。

1. 合同权利转让的要件：（1）须有有效债权的存在；（2）债权让与人与受让人须就债权的让与达成合意；（3）让与债权须有可让与性；（4）债权让与须通知债务人。

2. 合同权利转让的效力：（1）合同权利由让与人转让给受让人，受让人同时也取得与债权有关的从权利；（2）转让人对转让的合同权利，负瑕疵担保责任；（3）转让人在某项权利转让后，不得就该项权利再做出转让；（4）合同权利转让后，债务人不得再向转让人即原权利人履行债务；（5）债务人应负有向受让人即新债权人做出履行义务，同时免除其对原债权人所负的责任；（6）债务人对抗转让人的抗辩权，均可以向受让人主张。

（二）合同义务转让

合同义务的转让，又称债务承担，是指依据债权人、债务人与第三人之间达成的协议将合同义务转移给第三人承担。其构成要件为：1. 须有有效的合同义务存在；2. 转让的合同义务须具有可让与性；3. 须存在以合同义务转移为内容的协议；4. 须经债权人同意。

合同义务转让后，原债务人得以对抗债权人的一切抗辩事由，承担人也可以对债权人行使；从属于主债务的从债务，也一并移转于承担人。

（三）合同概括转让

合同概括转让，也称为合同承受，是指合同当事人一方将合同权利义务一并转移给第三人，由第三人概括地承受这些权利和义务。分为约定的概括转让和法定的概括转让。

约定的概括转让又称合同承担或合同移转，是指合同一方当事人与第三人订立合同，并经原合同当事人同意，由第三人承担合同一方当事人在合同中的全部权利和义务。概括转让也必须经另一方当事人同意才能生效。

法定的概括转让，是指合同订立后，作为合同当事人的法人或者其他组织发生合并或者分立而引起的合同权利义务由原合同当事人转移为合并后或者分立后的法人或其他组织承受。

三、合同的终止

合同的终止，又称合同权利义务终止或合同消灭，是指合同债权债务关系于客观上不复存在。

（一）清偿

清偿是按合同的约定实现合同目的的行为。清偿必须按照合同中约定的时间、地点和方式进行，并以全部清偿为原则。

（二）抵消

抵消，又称“冲抵”，是指二人互负债务并且给付种类相同时，将两项债务相互冲抵，使各自债务在对等额内消灭。

《合同法》第 99 条规定，当事人互负到期债务，该债务的标的物种类、品质相同的，任何一方可以将自己的债务与对方的债务抵销，但依照法律规定或者按照合同性质不得抵销的除外。第 100 条规定，当事人互负债务，标的物种类、品质不相同的，经双方协商一致，也可以抵销。

（三）免除

免除是指债权人以合同消灭为目的而抛弃债权的意思表示。免除应有以下特征：

1. 免除仅依债权人表示免除债务的意思而发生效力，其原因如何，在所不问。

2. 免除为债权人处分债权的行为，因而需要债权人对该债权有处分权。

3. 无行为能力人或限制行为能力人不得为免除行为。

（四）混同

混同，是指债权与债务归属于同一人，而使合同关系消灭的事实。发生混同的原因主要有：

1. 概括承受。概括承受是混同的主要原因，是指合同关系的一方当事人概括承受他人权利义务。例如，企业合并，合并前的两个企业之间有债权债务时，企业合并后，债权债务因归属于同一企业而消灭。

2. 特定承受。特定承受是指债务人受让债权人的债权，债权人承受债务人的债务，此时也因混同而使合同的权利义务终止。

（五）提存

提存是指在一定条件下，债务人或其他清偿人将有关货币、物品以及有价证券等提交特定的机关保存，从而消灭债权债务的法律制度。

提存人一般情况下是债务人本人，特殊情况下可以是代为清偿的第三人，而受领人则为债权人或代理人。根据我国规定，提存机关为债务履行地的公证机关。

提存客体原则上依合同内容规定应当为给付的标的物，但标的物不适于提存或者提存费用过高的，债务人依法可以拍卖或者变卖标的物，提存所得的价款。

根据《合同法》规定，有债权人无正当理由拒绝受领、债权人下落不明、债权人死亡未确定继承人或者丧失民事行为能力未确定监护人等情形，债务人难以履行债务的，可以将标的物提存。

标的物提存后，除债权人下落不明的以外，债务人应当及时通知债权人或者债权人的继承人、监护人。标的物提存后，毁损、灭失的风险由债权人承担。提存期间，标的物的孳息归债权人所有。提存费用由债权人负担。

债权人可以随时领取提存物，但债权人对债务人负有到期债务的，在债权人未履行债务或者提供担保之前，提存部门根据债务人的要求应当拒绝其领取提存物。债权人领取提存物的权利，自提存之日起五年内不行使而消灭，提存物扣除提存费用后归国家所有。

第六节　违约责任

引例：

甲公司与乙公司签订一个供货合同，约定由乙公司在一个月内向甲公司提供一级精铝锭100吨，价值130万元，双方约定如果乙公司不能按期供货的，每逾期一天须向甲公司支付货款价值0.1%的违约金。由于组织货源的原因，乙公司在两个月后才给甲公司交付了100吨精铝锭，甲公司验货时发现不是一级精铝锭，而是二级精铝锭，就以对方违约为由拒绝付款，要求乙公司支付一个月的违约金39000元，并且要求乙公司重新提供100吨一级精铝锭。但是乙公司称逾期供货不是自己的过错，而是国家的产业政策调整所然，不应该支付违约金，而且所提供的精铝锭是经过质量检验机构检验合格的产品，甲公司不应当小题大做，现在精铝锭供应比较紧张，根本不可能重新提供精铝锭。甲公司坚持以公司应当支付违约金和按照合同约定的质量标准履行合同。双方为此发生争议，甲公司起诉至法院，要求乙公司支付违约金和重新履行合同。乙公司在答辩状中称，逾期供货不是自己的本意，也不是自己所能控制得了的，不应当支付违约金，即使支付违约金，也不应当支付39000元之多，这个请求不公平。

1. 甲公司与乙公司之间签订的合同是否有效？
2. 乙公司没有在约定的时间内交付货物是客观原因还是市场原因？
3. 甲公司要求乙公司支付违约金和重新提供一级品标准的说法有无依据？
4. 乙公司主张不能按时供应货物有无依据？
5. 乙公司主张违约金的数额太高了，自己不应当承担这么多的违约金的说法有无依据？

案例解析：

1. 甲公司与乙公司之间签订的合同是有效合同。
2. 乙公司没有在约定的时间内交付货物是违反了合同的义务，应当承担相应的违约责任。
3. 甲公司要求乙公司支付违约金和重新提供一级品标准的说法是有合同依据的。
4. 乙公司主张不能按时供应货物是由于组织货源的原因造成的，不应当由自己负责的说法没有法律依据，也没有合同依据。因为不能组织货源是正常的市场风险，应当由当事人自己承担责任。
5. 乙公司主张违约金的数额太高了，自己不应当承担这么多的违约金的说法也是没有法律依据的，39000元违约金相当于合同金额的3%，并不是很高。根据《合同法》的规定，当事人对约定过高或者过低的违约金可以请求法院或者仲裁机构予以调整，但是本合同争议中的违约金金额仅占合同金额的3%，不能适用前述合同法的规定。

一、违约责任概念及特征

违约责任是指合同当事人不履行合同义务或者履行合同义务不符合约定时，依合同约定或法律规定必须承担的民事责任。其特征如下：

1. 违约责任是合同当事人违反合同义务所产生的责任。违约责任的承担以有效合同关系的存在为前提。

2. 违约责任具有相对性。违约责任只能发生在特定的当事人之间，即合同关系的债权人和债务人之间。

3. 违约责任具有补偿性。违约责任主要是一种财产责任，是为了弥补或补偿因违约行为给对方造成的财产损失。

4. 违约责任具有可约定性。当事人可以在法律规定的范围内对违约责任做出事先的安排，但是如果当事人的约定不符合法律要求，会被宣告无效，从而适用法定的违约责任。

二、违约形态

在我国，违约形态分为不能履行、迟延履行、不适当履行和拒绝履行。

1. 不能履行，又称给付不能，是指债务人在客观上已经没有履行能力，或者法律禁止债务的履行。在以提供劳务为标的的合同中，债务人丧失工作能力，为不能履行；在以特定物为标的物的合同中，该特定物损毁灭失，为不能履行。

2. 迟延履行，是指合同义务人在合同履行期限届满而未履行合同，包括债务人迟延和债权人迟延。债务人迟延，是指债务人能够履行，但在履行期限届满时却未履行债务的现象。是否构成迟延履行，履行期限具有重要意义。合同履行期限不明确的，债务人可以随时履行，债权人也可以随时要求履行，但应当给对方必要的准备时间。

3. 债权人迟延，或者称受领迟延，是指债权人对于已提供的给付，未为受领或者未为其他给付完成所必要的协助的事实。

4. 不适当履行是指债务人虽然履行了债务，但其履行不符合债务的本旨包括标的物的品种、规格、型号、数量、质量、运输的方法、包装方法等不符合合同约定等。

拒绝履行是债务人对债权人表示不履行合同。这种表示一般是明示的，也可以是默示的。《合同法》第108条规定，当事人一方明确表示或者以自己的行为表明不履行合同义务的，对方可以在履行期限届满之前要求其承担违约责任。

三、违约责任的责任形式

1. 实际履行

实际履行也称特定履行或继续履行，是指在违约方不履行合同时，相对方请求违约方继续履行合同债务的责任方式。实际履行在性质上仍是对合同义务的履行。但较原合同义务多了国家的强制力以及道德上的否定和非难，故它是一种违约责任形式。

实际履行是一种补救方法。它更强调实现订约目的，而不仅仅强调弥补受害人所遭受的损失。是否请求实际履行是债权人享有的一项权利，实际履行可以与违约金、损害赔偿和定金责任并用。

2. 损害赔偿

损害赔偿又称违约损害赔偿，或称损害赔偿金，它是指违约方因不履行合同或者不完全履行合同而给对方造成的损失，依法应当承担赔偿责任。损害赔偿金的范围：

（1）约定损害赔偿是指当事人在订立合同时预先约定，一方违约时向对方支付一定的金钱或约定损害赔偿额的计算方法。

（2）法定损害赔偿是指依法律规定而确定的损害赔偿。主要包括：

第一，补偿性法定损害赔偿金。如《合同法》第 113 条第 1 款规定，当事人一方不履行合同义务或者履行合同义务不符合约定，给对方造成损失的，损失赔偿额应当相当于因违约所造成的损失，包括合同履行后可以获得的利益，但不得超过违反合同一方订立合同时预见到或者应当预见到的因违反合同可能造成的损失。

第二，惩罚性法定损害赔偿金。经营者对消费者提供商品或者服务有欺诈行为的，依照《中华人民共和国消费者权益保护法》的规定承担损害赔偿责任，它带有惩罚性。

3. 支付违约金

违约金是合同当事人约定的，一方违约时，应根据违约情况向对方当事人支付一定数额的金钱。《合同法》第 114 条规定，约定的违约金低于造成的损失的，当事人可以请求人民法院或者仲裁机构予以增加；约定的违约金过分高于造成的损失的，当事人可以请求人民法院或者仲裁机构予以适当减少。当事人就迟延履行约定违约金的，违约方支付违约金后，还应当履行债务。

4. 定金

定金是指在签订合同时，当事人一方为了证明合同关系的成立，表示恪守合同，保证合同的履行，按照合同价款或者酬金总额的一定比例，先付给对方一定数额的货币。

《合同法》第 115 条规定：当事人可以依照《中华人民共和国担保法》(以下简称《担保法》) 约定一方向对方给付定金作为债权的担保。债务人履行债务后，定金应当抵作价款或者收回。给付定金的一方不履行约定的债务的，无权要求返还定金；收受定金的一方不履行约定的债务的，应当双倍返还定金。

我国《担保法》第 91 条规定，定金额数额由当事人约定，但不得超过主合同标的额的 20%。

第九章　竞争法

第一节　反不正当竞争法

引例：

荷兰英特艾基公司在世界几十个国家和地区拥有以“IKEA”命名的大型专卖店几百家，经营家具及家居用品。1983 年，该公司经中国国家工商行政管理局商标局核准，在中国商品分类和国际商品分类以及服务上分别获得了“IKEA”，IKEA 及图形组合商标和中文“宜家”的注册商标。在国际上，该公司在美国、英国、加拿大、法国、中国香港等国家和地区的多种商品和服务项目上注册了“IKEA”和 IKEA 及图形组合商标。当该公司准备在中国互联网上注册以自己拥有的注册商标“IKEA”为标志的域名时，却发现北京国网信息有限责任公司已在先注册了域名“ikea.com.cn”，将原告公司的注册商标“IKEA”与被告抢注的三级域名“ikea”相比较，二者的读音、文字外形、字母组合以及消费者的呼叫方式等方面均完全相同。

英特艾基公司认为，国网公司抢注的域名是对该公司已使用多年且极具独创性的注册商标公然的仿冒。英特艾基公司的商标“IKEA”是驰名商标，在中国已经逐步为消费者认同。国网公司在抢注“IKEA”域名后，长期空置未加以使用，其行为应属不正当竞争行为。英特艾基公司诉至法院。

案例解析：

“宜家”域名抢注一案，是域名保护案件中最为典型的案件之一。域名的标志功能使得它同知识产权制度有了天然的联系，虽然域名有关权益不属于知识产权，但有关国家仍将域名保护纳入知识产权保护领域。当“宜家”案发生时，我国法律并没有关于域名的相关法律法规，我国关于知识产权保护的法律规定对商标的保护都只能及于在相同或类似产品上使用商标的侵权行为；而不能对在域名这种非商标、商业标志上使用商标的行为予以制裁。法院最后根据《中华人民共和国反不正当竞争法》(以下简称《反不正当竞争法》) 第 2 条第 1 款“经营者在市场交易中，应当遵循自愿、平等、公平、诚实信用的原则，遵守公认的商业道德”来判决此案，认定“IKEA”是驰名商标，国网公司的抢注行为具有恶意，从而判决国网公司违反了《反不正当竞争法》的“诚实信用”原则，保护了英特艾基公司对“IKEA”的商标权和对域名的权益。

一、不正当竞争的概念及特征

（一）不正当竞争行为

不正当竞争行为与正当竞争、公平竞争相对，泛指经营者为了争夺市场竞争优势，违反公认的商业习俗和道德，采用欺诈、混淆等经营手段排挤或破坏竞争，扰乱市场经济秩序，并损害其他经营者和消费者利益的竞争行为。

（二）不正当竞争行为的特征

纵观各类不正当竞争行为，一般都具有以下 3 种基本特征。

1. 主体的特定性

竞争是经营者之间在市场上通过价格、数量、品质或服务等条件，为争取交易机会和经济利益而开展的“商战”，因此，不正当竞争行为的主体都是在商业活动中采用不正当手段竞争的经营者。我国《反不正当竞争法》中直接明确规定该法规制的对象是“经营者”，即以营利为目的，从事商品的生产、销售或提供服务的法人、其他经济组织和个人。

2. 行为的违法性

不正当竞争行为具有违法性，如果竞争行为违反一国竞争法原则性规定和具体规范，就应当确定为不正当竞争行为。这种违法性的确定与其他行为违法性的确定有所不同，它是以违反商业道德为一般判断依据的。

3. 不正当竞争行为的社会危害性

现代社会竞争程度日益加剧，竞争对社会的影响也日益增强。不正当竞争行为的危害性已经从经营者的私权和私益领域扩大到对公众利益的损害和对社会经济运行秩序的破坏。

二、不正当竞争行为与垄断行为的区别

垄断、限制竞争行为与不正当竞争，在本质上都是对市场规律和市场机制的破坏，都是反竞争的行为，其结果都会损害其他竞争者以及消费者的合法权益，三种行为有时相互交叉、重叠。

垄断和限制竞争的行为都属于广义的垄断行为的范畴，二者之间并无本质的不同，只是行为的形式和法律的规制方法上稍有差异。不正当竞争行为，与垄断和限制竞争行为有本质的不同，主要表现在：

1. 实施主体不同。不正当竞争行为的实施主体不一定具有经济优势，任何企业或个体经营者，都可以实施。垄断行为的实施主体一般要求具有经济上的垄断地位。

2. 行为的目的和后果不同。垄断和限制竞争的目的是为了消除、排斥竞争，而不正当竞争的目的主要是通过不正当的手段获得暴利或者削弱竞争对手的竞争能力。因此，不正当竞争是以承认竞争为前提的，有竞争才有不正当竞争；而垄断和限制竞争的行为，则以消灭或限制竞争为其目的。

3. 实施的手段不同。垄断和限制竞争的行为，一般是凭借自己在市场中的经济地位来实施的，在表面上可能符合平等自愿的市场交易规则，如企业合并、格式合同、商业合作等；而不正当竞争行为，则是采用非正常的手段，如欺骗、仿冒、贿赂、巨额奖赏、低于成本倾销等，来打击竞争对手并谋取利益的。

4. 法律的规制有所不同。如在一些国家或地区，法律对垄断和不正当竞争分别进行规制，既有反垄断法，也有反不正当竞争法；即使在“合并”立法的国家，垄断与不正当竞争在该法中也是适用不同的法律调整方法来调整的，而且法律对这两类行为的制裁，也有较大区别。

三、不正当竞争行为的类型

（一）仿冒行为

1. 仿冒行为的概念及特征

仿冒行为又称商业混同行为，它是指经营者采用欺骗性的手段从事市场交易，使自己的商品或服务与特定竞争对手的商品或服务相混淆，以造成购买者误认或误购为目的的不正当竞争行为。根据所造成混淆和误解的标的不同，可以把仿冒行为分为产品仿冒行为、质量仿冒行为、产品价格仿冒行为和外观仿冒行为等。

仿冒行为的特征：

（1）仿冒行为以竞争为目的。仿冒行为针对的对象是特定的市场经营者以及这些经营者的产品或服务，其真正的目的在于使交易对方对其提供的商品或服务产生混淆或误解，误认为是特定经营者的产品或服务。行为人在主观上希望客户或消费者产生混淆和误解，以此获得竞争优势。

（2）仿冒行为表现为对他人的标志的利用。仿冒者仿冒的主要是他人的商品或服务标志，如商标、商品名称、包装、装潢以及企业名称或姓名、产地名称、质量标志等。

（3）仿冒行为的本质是欺骗性的。仿冒者搭名牌产品的便车，不正当地掠夺他人的商业信誉和商品声誉，欺骗与之交易的消费者和经营者。通过欺骗手段，行为人不正当地占有了他人潜在的或现实的市场份额。

2. 仿冒行为的种类

在现代经济生活中，仿冒行为的形式是多种多样的，而且，随着经济生活和生产技术的发展，仿冒行为也在不断变化。根据各国立法和我国《反不正当竞争法》的具体规定，仿冒行为可以概括为以下 4 种形式：

（1）仿冒他人合法外部标识的行为。

（2）不正当使用他人合法外部标识的行为。

（3）不正当使用他人未经注册登记的外部标识，导致市场混淆的行为。

（4）仿冒他人产品的质量标志和产地，引人误解的行为。

（二）虚假宣传

虚假宣传行为是指经营者为获取市场竞争优势和不正当利益，利用广告或者其他形式，对产品或者提供的服务、商品的质量、制作成分、性能、用途、生产者、有效期限、产地等进行令人误解的宣传行为。

虚假宣传具有行为的违法性、内容的不真实性、手段的欺骗性和主体的复杂性等特征。

（三）侵犯商业秘密

1. 商业秘密的概念及特征

商业秘密指不为公众所知悉、能为权利人带来经济利益、具有实用性并经权利人采取保密措施的技术信息和经营信息。

商业秘密是一类特殊的知识产权客体，既不同于专利、版权等一般知识产权，也不同于个人隐私等一般秘密。商业秘密具备以下一些基本特征：

（1）秘密性。秘密性又称非公开性，它是商业秘密最核心的特征。是指该种信息不为公众所知悉，处于保密状态，一般人不易通过正当途径获得或探明。

（2）管理性。由于商业秘密的秘密性是相对的，所以要求权利人采取合理的保密管理措施进行自我保护。

（3）经济性。经济性也称为价值性，商业秘密的经济性是指商业秘密的使用可以为权利人带来经济上的利益，使权利人拥有比不知晓或不使用该商业秘密的同行业竞争者更有利的地位和竞争优势，从而能在竞争中领先取胜。

（4）实用性。商业秘密的实用性是指商业秘密能在工农业生产和经营中应用，这使得商业秘密区别于一般的生产技术和经营管理的理论成果。

2. 商业秘密的类型

一般认为商业秘密包括技术秘密、经营秘密和管理秘密。

（1）技术秘密，即人们从经验中或技艺中得来的，能在实践中特别是在工业中应用的技术信息、技术数据或技术知识。技术秘密一般不可能独成一体，而只能依附于某项专利或公开的技术，作为实施主要技术时必备的经验性技巧。

（2）经营秘密，即具有秘密性质的经营管理方法及与经营管理方法密切相关的信息和情报。经营秘密包括推销计划、客户名单、产品价格、销售网络、招投标的标底等资料。

（3）管理秘密，即组织生产和经营管理的秘密，特别是合理有效地管理各部门、各行业之间相互合作与协作，使生产与经营有效运行的经验性信息，如管理模式、公关技巧等。有些国家则把管理秘密纳入技术秘密或经营秘密之中，并不单独分类。

3. 侵犯商业秘密行为的形式

商业秘密作为一种信息，具有无形资产的特征，其权利人不像物的所有权人那样对物容易控制和占有，其权利人极易为人所侵害。因此，对商业秘密的侵害行为与物权的侵权行为就有所不同。我国在立法中吸收了世界各国的经验，把侵犯商业秘密的行为以列举的方式进行下具体的规定：

（1）以不正当手段获取他人商业秘密。这是指出于竞争目的，以各种非正当手段获取他人商业秘密的行为。

（2）恶意披露、使用或允许他人使用以违法行为获得的商业秘密。这是行为人获取商业秘密后的继续行为。

（3）违反约定或者违反权利人的要求，披露、使用或允许他人使用商业秘密的行为。

（4）第三人侵犯商业秘密的行为。这是指第三人明知或应知转让人获得该商业秘密为不当取得，或未经授权取得后披露、使用或者准许他人使用，仍予以受让或泄漏的行为。

（四）商业贿赂

商业贿赂，是以获得商业交易机会为目的，在交易之外以回扣、促销费、宣传费、劳务费、报销各种费用、提供境内外旅游等各种名义直接或间接给付或收受现金、实物和其他利益的一种不正当竞争行为。商业贿赂行为具有以下基本特征：

1. 其主体包括行贿者和受贿者双方在内的经营者及其相关人员。

2. 主观上是以排斥商业竞争为目的。

3. 商业贿赂是以不正当方式进行的行为。不正当的方式表现为向单位或单位的有关人员提供财物或其他利益。

4. 商业贿赂行为具有违法性。

（五）不正当有奖销售

1. 不正当有奖销售的概念

有奖销售是指经营者销售商品或提供服务时，附带性地向购买者提供物品、金钱或者其他经济上利益的一种促销行为。它实际上是一种赠与行为，但是这种赠与和市场竞争密切相关，因此要受到竞争法的规制。有奖销售作为一种促销手段，在引发消费欲望、促进销售增长、刺激经济发展方面有一定的作用。然而随着有奖销售的愈演愈烈，其严重违反了公平竞争原则的消极作用也越来越明显。

不正当有奖销售是指经营者在销售商品或提供服务时，采取违法手段实施有奖销售，违反法律规定的行为。

2. 不正当有奖销售的类型

有奖销售行为在各个国家都同样存在，只是表现形式、表现程度有所不同。从各国的竞争立法来看，限制和禁止的有奖销售大致可以划分为抽奖式有奖销售和附赠式有奖销售两种。

（1）抽奖式有奖销售

抽奖式有奖销售是销售方以抽奖等带有偶然性的方法决定购买方是否中奖，并提供奖品或奖金的销售方式。

我国《反不正当竞争法》规定，以下几种欺骗性的抽奖式有奖销售行为应受到禁止：

①欺骗性有奖销售，即采用谎称有奖或者故意让内定人员中奖的欺骗方式进行有奖销售。

②利用有奖销售推销质次价高的商品。

③巨额奖品的有奖销售。我国《反不正当竞争法》规定，抽奖式有奖销售的最高奖金额不得超过 5000 元。

（2）附赠式有奖销售，即销售方向所有购买方提供赠送奖品或奖金，或者赠送有价凭证的销售行为。

（六）商业诽谤

1. 商业诽谤行为的概念及特征

商业诽谤行为也称为诋毁竞争对手行为，是指损害他人商誉、侵犯他人商誉权的行为。具体而言，它是指经营者自己或利用他人，通过捏造、散布虚伪事实等不正当手段，对竞争对手的商业信誉进行恶意的诋毁、贬低，以削弱其市场竞争能力，并为自己谋取不正当利益的行为。

商业诽谤，作为一种侵犯商誉和商誉权的侵权行为，具有以下特征：

（1）实施主体必须是经营者。这里的经营者当然是指市场主体，也就是专门从事商品生产或者经营的法人、其他组织和个人。

（2）行为人主观上是出于故意。

（3）侵害的客体是特定经营者的商誉权。

（4）客观上表现为捏造、散布有损他人商誉权的虚假事实。

2. 商业诽谤行为的表现形式

在现实经济生活中，商业行为的表现形式是多种多样的。大体上，从商业诽谤的具体手段，可以将商业诽谤行为归纳为以下几类：

（1）产品附属资料中的商业诽谤。这是指行为人在自己的产品说明书及其他文字说明资料中，故意贬低他人的产品质量。

（2）产品交易中的商业诽谤。这是指在具体的产品交易过程中，向自己的客户吹嘘自己，攻击他人、贬低他人的信誉。

（3）新闻、广告中的商业诽谤。这是指在新闻媒介发布的新闻、刊登的广告中，对他人的商誉进行攻击或贬低的行为。

（4）直接在公众中散布谣言。这里指经营者为了贬低他人的商誉而在公众中散布不利于竞争对手的谣言。

（5）组织、唆使、利用他人进行商业诽谤。这是指经营者组织、唆使或者利用他人捏造、散布不利于竞争对手的虚假事实，损害竞争对手的商誉。

四、不正当竞争行为的法律责任

不正当竞争行为不仅损害其他经营者的合法权益，还扰乱社会经济秩序、破坏市场竞争机制，具有多重危害性，因此我国《反不正当竞争法》对不正当竞争行为规定了 3 种法律责任形式，即民事责任、行政责任和刑事责任。

不正当竞争行为首先侵犯了他人的民事权益，因此被侵害的经营者或消费者的合法权益受到不正当竞争行为损害的，可以通过包括向人民法院提起民事诉讼的民事方式向行为人主张权利，如果不正当竞争行为同时触犯了其他单行法时，可适用有关单行法来追究法律责任。

另外，根据我国《反不正当竞争法》的规定，经营者的行为扰乱市场秩序、破坏竞争机制的，可以根据情形处以责令停止违法行为、罚款、没收违法所得等，要求其承担行政责任，构成犯罪的应承担相应的刑事责任。

第二节　反垄断法

引例：

2008 年 9 月 3 日，可口可乐公司宣布，计划以 24 亿美元收购在中国香港上市的汇源公司。2008 年 9 月 18 日，可口可乐公司向商务部递交了申报材料，后可口可乐公司根据商务部要求，于 9 月 25 日、10 月 9 日、10 月 16 日和 11 月 19 日，对申报材料进行了补充。11 月 20 日，商务部认为可口可乐公司提交的申报材料达到了《中华人民共和国反垄断法》（以下简称《反垄断法》）第 23 条规定的标准，对此项申报进行立案审查。2008 年 12 月 20 日，初步阶段审查工作结束后，商务部决定实施进一步审查，书面通知了可口可乐公司。在进一步审查过程中，商务部对集中造成的各种影响进行了评估，商务部对申报材料进行了认真核实，对此项申报涉及的重要问题进行了深入分析，并通过书面征求意见、论证会、座谈会、听证会、实地调查、委托调查以及约谈当事人等方式，先后征求了相关政府部门、相关行业协会、果汁饮料企业、上游果汁浓缩汁供应商、下游果汁饮料销售商、集中交易双方、可口可乐公司中方合作伙伴以及相关法律、经济和农业专家等方面意见。商务部于 2009 年 3 月 20 日前完成了审查工作。商务部对此项集中进行了全面评估，确认集中将产生如下不利影响：

（1）集中完成后，可口可乐公司有能力将其在碳酸软饮料市场上的支配地位传导到果汁饮料市场，对现有果汁饮料企业产生排除、限制竞争效果，进而损害饮料消费者的合法权益。

（2）集中完成后，可口可乐公司通过控制“美汁源”和“汇源”两个知名果汁品牌，对果汁市场控制力将明显增强，加之其在碳酸饮料市场已有的支配地位以及相应的传导效应，集中将使潜在竞争对手进入果汁饮料市场的障碍明显提高。

（3）集中挤压了国内中小型果汁企业生存空间，抑制了国内企业在果汁饮料市场参与竞争和自主创新的能力，给中国果汁饮料市场有效竞争格局造成不良影响，不利于中国果汁行业的持续健康发展。

为了减少审查中发现的不利影响，商务部与可口可乐公司就附加限制性条件进行了商谈。可口可乐公司先后提出了初步解决方案及其修改方案，但商务部认为可口可乐公司针对影响竞争问题提出的救济方案仍不能有效减少此项集中产生的不利影响，决定禁止此项经营者集中。

案例解析：

根据中国《反垄断法》第 21 条的规定，经营者集中达到国务院规定的申报标准的，经营者应当事先向国务院反垄断执法机构申报，未申报的不得实施集中。

需要申报的经营者集中的法定条件包括如下两个方面：首先，从定性角度看，交易必须构成反垄断法意义上的集中。其次，从定量角度看，集中必须达到一定规模，集中参与方的营业额必须达到法定标准。根据《国务院关于经营者集中申报标准的规定》第 3 条规定，这些标准主要是：（1）参与集中的所有经营者上一会计年度在全球范围内的营业额合计超过 100 亿元人民币，并且其中至少两个经营者上一会计年度在中国境内的营业额均超过 4 亿元人民币；（2）参与集中的所有经营者上一会计年度在中国境内的营业额合计超过 20 亿元人民币，并且其中至少两个经营者上一会计年度在中国境内的营业额均超过 4 亿元人民币。

在可口可乐公司收购汇源公司案中，由于交易后可口可乐公司将取得汇源公司绝大部分甚至 100%股权，从而取得了汇源公司的决定控制权，因此，该交易符合集中的法定标准；同时，可口可乐公司和汇源公司 2007 年在中国境内的营业额分别为 12 亿美元（约合 91.2 亿人民币）和 3.4 亿美元（约合 25.9 亿人民币），分别超过 4 亿元人民币，达到并超过了《国务院关于经营者集中申报标准的规定》的申报标准，因此此案必须接受相关审查。

本案中，界定市场对裁定一项并购是否造成垄断具有至关重要的作用，根据《反垄断法》第 12 条的规定，相关市场是指经营者在一定时期内就特定商品或服务进行竞争的商品范围和地域范围。

任何竞争行为（包括具有或可能具有限制或排除竞争效果的行为）均发生在一定的市场范围内，界定相关市场是明确经营者竞争的市场范围的过程。因此，相关市场的界定是对竞争行为进行分析的前提，是反垄断执法工作的重要步骤。

本案所涉及相关产品主要包括无酒精饮料中的两大类，果汁类饮料和碳酸软饮料。根据商务部在审查中掌握的信息，两家公司在果汁类饮料产品类别中存在重叠，而碳酸软饮料产品只有可口可乐公司生产，汇源公司并不生产碳酸软饮料。本次并购的相关市场被界定为果汁类饮料，在界定相关市场的过程中，商务部对果汁类饮料和碳酸类饮料之间可替代性以及三种不同浓度果汁饮料之间的可替代性进行分析，将此案相关市场界定为果汁类饮料市场。

根据中国饮料工业协会提供的数据，可口可乐公司占全国碳酸饮料市场份额为 60.60%。同时，考虑到可口可乐公司在资金、品牌、管理、营销等诸多方面已经取得的竞争优势，因此商务部认定可口可乐公司在碳酸软饮料市场占有市场支配地位。

碳酸饮料和果汁饮料尽管彼此间替代性不强，但却同属非酒精饮料，彼此属于紧密相邻的两个市场。此次收购完成后，可口可乐公司在碳酸饮料已有支配地位基础上又进一步增强了其在果汁类饮料市场的竞争优势和影响力，产生强强联合的叠加效应，这将严重削弱甚至剥夺其他果汁类饮料生产商与其形成竞争的能力，从而对果汁饮料市场竞争造成损害。

在本案中，商务部依据《反垄断法》的相关规定，从市场份额及市场控制力、市场集中度、集中对市场进入和技术进步的影响、集中对消费者和其他有关经营者的影响及品牌对果汁饮料市场竞争产生的影响等方面对此项集中进行了审查，在全面评估此项交易产生的各种影响的基础上做出了禁止决定。

一、垄断的概念及分类

（一）垄断的概念

垄断是一种随着经济发展而普遍存在的经济现象，是市场经济活动中的一种反竞争的经济行为。

从经济学的角度看，垄断是指少数企业凭借其雄厚的经济实力，对生产和市场进行控制，并在一定的市场领域内从实质上限制竞争的一种市场状态。从法律角度看，垄断是指各国反垄断法中规定的，垄断主体对市场的经济运行过程进行排他性控制，或对市场竞争进行实质性限制，妨碍公平竞争秩序的行为或状态。

（二）垄断的分类

1. 经济垄断，又被称为市场垄断，是指市场主体通过自身的力量，设置市场进入障碍而形成的垄断。

2. 国家垄断是由国家对某一产业的生产、销售等进行直接控制，不允许其他市场主体进入该市场领域的情况。

3. 行政垄断是指由政府行政机构设置的市场进入障碍而形成的垄断。

4. 自然垄断是由于特定行业的市场的自然条件或原因而产生的垄断经营。

二、反垄断法

反垄断法是调整国家在规制市场主体（企业、企业联合组织）或其他机构以控制市场为目的而实施的反竞争行为的过程中所发生的社会关系的法律规范的总和。反垄断法规制的是市场主体控制市场的行为，既是实体法又是程序法。

反垄断法规制的垄断行为的实施者是以控制市场为目的，垄断或企图垄断某一特定市场的企业或企业的联合组织，垄断行为的受害者既包括参与竞争的其他同行业经营者，也包括相关行业的经营者或最终消费者。为了规制限制竞争的垄断行为，我国《反垄断法》中规定的垄断行为主要有四种：滥用市场支配地位、限制竞争协议、经营者集中和行政垄断。

三、滥用市场支配地位行为法律规制

（一）滥用市场支配地位行为概念

滥用市场支配地位是指企业凭借已经获得的市场支配地位，对市场的其他主体进行不公平的交易或者排挤竞争对手的行为。

市场支配地位是指经营者在相关市场内具有能够控制商品价格、数量或者其他交易条件，或者能够阻碍、影响其他经营者进入相关市场能力的市场地位。我国《反垄断法》采取国际通行做法，不反对经营者具有市场支配地位，但禁止经营者滥用其市场支配地位。

（二）滥用市场支配地位行为的认定

对于经营者滥用市场支配地位的认定，主要应界定相关市场及市场支配地位的确定。

1. 相关市场的确定。这是指经营者在一定期间内就某种商品经营所涉及的区域和范围，它分为产品相关市场、地域相关市场和时间相关市场。

2. 市场支配地位的判定。这是指企业在市场中对交易价格和交易条件处于独立决策而无须考虑其他经营者，并足以影响市场竞争的地位。

判断经营者是否具有市场支配地位的标准主要包括：

（1）该经营者在相关市场的市场份额及相关市场的竞争状况；（2）该经营者控制销售市场或者原材料采购市场的能力；（3）该经营者的财力和技术条件；（4）其他经营者对该经营者在交易上的依赖程度；（5）其他经营者进入相关市场的难易程度等。

根据我国《反垄断法》规定，如果经营者有下列情形之一的，可推定经营者具有市场支配地位：

（1）一个经营者在相关市场的市场份额达到 1/2 的；（2）两个经营者在相关市场的市场份额合计达到 2/3 的；（3）三个经营者在相关市场的市场份额合计达到 3/4 的。但上述第（2）项、第（3）项中的经营者市场份额不足十分之一的，不应当推定该经营者具有市场支配地位。此外，被推定具有市场支配地位的经营者，有证据证明不具有市场支配地位的，则不认定其具有市场支配地位。

3. 具有市场支配地位企业的行为性质认定。根据行为主义理论，企业获得市场支配地位本身并不违反法律；只有当特定的企业滥用这种市场优势地位时，法律才对其加以限制或者禁止。

（三）滥用市场支配地位行为表现形式

1. 垄断价格行为。这是指具有市场支配地位的经营者在一定时期内以超高价格销售产品或者以超低价格购买商品的行为。

2. 掠夺性定价行为。这是指处于市场支配地位的企业以牺牲短期利益（低于成本的价格）的手段销售商品，在竞争对手被排挤出市场后将产品价格提高到边际成本以上的垄断行为。

3. 差别待遇行为。这是指处于市场支配地位的企业在没有正当理由的情况下，对条件相同的交易对象，就其提供的商品的价格或者其他条件给予明显区别对待的行为。

4. 拒绝交易行为。这是指具有市场支配地位的经营者无正当理由，拒绝向其他经营者销售商品的行为。

5. 强制交易行为。这是指处于市场支配地位的企业采取利诱、胁迫或者其他手段，迫使其他企业违背自己的意愿与之进行交易或者促使其他企业从事限制竞争的行为。

6. 搭售和附加不合理交易条件的行为。这是指在相关产品市场上拥有优势地位的企业在出售产品或服务时，强迫买方接受与该产品或服务无关的产品或服务的行为，或者要求买方签订接受与该产品或服务无关的产品与服务的协议。

7. 独家交易行为，又称为排他性交易。这是指处于市场支配地位的企业要求经营伙伴在特定的市场内只能与其交易而不得与其他的竞争对手进行交易的行为。

四、限制竞争协议行为法律规制

（一）限制竞争协议概念

限制竞争协议是指两个或者两个以上具有竞争关系的企业达成旨在排除、限制竞争的协议。限制竞争协议妨碍了竞争机制发挥功能，不但直接损害未参与共谋协议之企业的利益，而且严重损害消费者的利益，使消费者不能在进行购买时自由地比较和选择，极有可能形成不合理、不公平的交易。

（二）限制市场竞争协议的表现形式

1. 横向限制竞争协议。横向限制竞争协议是指在生产或者销售过程中处于同一层次的经营者之间的限制竞争协议。

（1）固定价格协议。固定价格协议是指具有竞争关系的行为人通过协议、决议或者协同行为来确定、维持或者改变价格的行为，在我国也称为价格联盟行为。

（2）市场划分协议。市场划分协议也是限制竞争协议的重要表现方式，它包括划分地理市场和划分用户（消费者）市场等不同类型。划分市场最大的危害性就是在一个划定的市场内消除了竞争者，成为唯一的经营者。

（3）控制生产或销售数量的协议。这是企业之间为了维持相关商品价格高位状态以保障企业的超高利润而采用限制生产数量的协议。

（4）联合抵制协议。它是指经营者通过联合共同不与其他竞争者（供应商或者客户）交易，排挤竞争对手的协议。

（5）其他限制市场竞争行为。其他限制竞争的行为还包括：限制购买新技术、新设备或者开发新技术、新产品的协议；相互交换价格情报的行为、提供建议的行为、统一标准以排挤其他竞争者的行为等。

2. 纵向限制竞争协议。纵向限制竞争协议指占有市场支配地位的企业强制性地要求与其有供应关系的经营者签署强制性的限制竞争协议的行为，其主要形式为维持转售价格。

上游制造商与下游销售商之间的利益并不总是协调一致，可能是以制造商为导向的，也可能是以销售商为导向的，还可能是双方为了共同利益协同、合谋的。上游制造商与下游销售商通过限定转售价格的方式实现主导者的主导地位在延伸领域内扩展。如制造商通过固定价格、固定最低价格或者固定最高价格等方式限定转售价格，阻碍销售商之间在销售环节的竞争，这将损害消费者利益、封锁该产品的市场。

（三）限制竞争协议的法律认定

1. 限制竞争协议的构成要件

（1）主体的认定。限制竞争行为的主体是在同一经济层次中的有竞争关系的企业（横向限制竞争），或者具有供销关系的企业（纵向限制竞争）。

（2）具有限制竞争的共同目的。主体之间具有限制竞争的“合意”是认定横向限制竞争行为的主观要件。这种合意包括有法律拘束力的意思表示和并不具有法律效力的其他合意表示。

（3）实施了限制竞争的行为。这是从客观方面认定限制竞争行为的条件。企业之间不管有没有以书面形式订立协议或者口头的非正式协议，只要通过协调行为共谋，采取了限制竞争的实际行动，就属于法律所规制的内容。

（4）导致限制竞争的后果。这是指企业间的协议、决议或其他安排对于限制竞争市场后果之间存在某种关联性。

2. 限制竞争协议的豁免

经营者能够证明所达成的协议属于下列情形之一的，不视为垄断协议：

（1）为改进技术、研究开发新产品的；

（2）为提高产品质量、降低成本、增进效率，统一产品规格、标准或者实行专业化分工的；

（3）为提高中小经营者经营效率，增强中小经营者竞争力的；

（4）为实现节约能源、保护环境、救灾救助等社会公共利益的；

（5）因经济不景气，为缓解销售量严重下降或者生产明显过剩的；

（6）为保障对外贸易和对外经济合作中的正当利益的。

五、经营者集中律规制

（一）经营者集中的概述

1. 经营者集中概念

经营者集中是指竞争法上所指的企业合并，它比公司法意义上的企业合并的含义广泛得多，不仅包含资产转移型的合并，还要包括一个企业能够对另一个企业发生支配性影响的所有方式，包括持有其他公司的股份、取得其他企业的资产、受让或承租其他企业全部或主要部分的营业或财产，与其他企业共同经营或受其他企业委托经营、干部兼任、直接或间接地控制其他企业的人事任免等实现市场力量集中之目的的行为。一个或者多个企业对其他企业全部或者部分获得控制，从而导致持久的相互关系的一切可能性行为都被包含在内。

2. 经营者集中的类型

根据经营者所属生产环节，可将企业合并划分为横向合并、纵向合并和混合合并。

（1）横向合并是指相同产品的生产者和销售者之间的合并，其显著的经济效果是由于市场经营规模扩大而带来的规模经济。

（2）纵向合并是指处于不同生产或销售环节的企业之间的合并，其实质是将原来的市场交易关系内化成企业内部的管理关系。

（3）混合合并是指分属不同产业领域的企业的合并，如信息产业和保健食品行业的合并、金融企业与制造业的合并等，在当今各国合并案例中，混合合并已成趋势。由于混合合并各方之间并不存在竞争关系，其对市场竞争并不产生直接的消极影响。

根据合并方式的不同，可将经营者集中分为：

（1）经营者合并；

（2）经营者通过取得股权或者资产的方式取得对其他经营者的控制权；

（3）经营者通过合同等方式取得对其他经营者的控制权或者能够对其他经营者施加决定性影响。

（二）企业合并的审查标准和程序

1. 企业合并的控制标准

经营者集中具有或者可能具有排除、限制竞争效果的，垄断执法机构应当做出禁止经营者集中的决定。但是，经营者能够证明该集中对竞争产生的有利影响明显大于不利影响，或者符合社会公共利益的，则不予禁止的决定。查经营者集中是否具有排除、限制竞争的效果，应当考虑下列因素：

（1）参与集中的经营者在相关市场的市场份额及其对市场的控制力；

（2）相关市场的市场集中度；

（3）经营者集中对市场进入、技术进步的影响；

（4）经营者集中对消费者和其他有关经营者的影响；

（5）经营者集中对国民经济发展的影响。

2. 企业合并的控制程序

（1）事先申报制度。这是指各国反垄断法对市场竞争具有重大影响的合并事项必须事先向主管机关进行申报的强制性规定。

（2）行政调查制度。行政调查程序包括合并控制机关对必要信息的调查取证、对当事人表达意愿的听证等。美国的企业合并规制机关联邦贸易委员会有权签发调查令和自行进行获得书证和证言。

（3）司法审查制度。司法审查制度是对行政主管机关控制企业合并所作决定的司法救济制度，对此，欧盟的规定比较完善。

六、行政性垄断行为法律规制

（一）行政性垄断行为概述

行政性垄断行为是指行政机关和公共组织滥用行政权力排除或者限制竞争而形成的垄断。行政性垄断行为扭曲市场机制，违背公平竞争原则，削弱企业竞争能力。

（二）行政性垄断的表现形式

1. 地区垄断。这是指地方政府或政府授权机构通过行政权力设置市场壁垒，达到人为削弱地区外经营者竞争能力的行为。

2. 部门垄断。部门垄断是政府行政部门，特别是行业主管部门利用其合法拥有的权力资源，如行政许可、生产要素的分配、投资审批等限制企业竞争的行为。

3. 行政性强制交易。这是指行政垄断的主体直接以行政权力为根据而发生的经营行为，包括政府及其所属部门通过限定他人与其指定的市场主体进行交易，或者使得这些经济实体在同一市场中与其他经济实体相比处于更加优越的特权地位。

4. 行政性限制竞争协议行为。这是指政府及其所属部门或者授权的公共组织与其他的行政机关或者经营实体签订控制价格、划分市场范围、限制其他经济实体进入市场或将其排除在市场之外的任何形式的协议，或者政府行政部门通过行政手段强制经济实体签订限制竞争的协议。

第十章 消费者权益保护法与产品质量法

第一节 消费者权益保护法

引例：

1995 年 3 月 8 日晚，贾国宇在北京市 C 餐厅吃火锅。C 餐厅在提供服务时，所使用的炉具是 L 厨房用具厂生产的 YSQ－A“众乐”牌卡式炉，卡式炉燃气罐是 G 气雾剂公司生产的“白旋风”牌边炉石油气气罐。当贾国宇等人使用完一个气罐换置第二个气罐继续使用约 10 分钟时，正在使用的卡式炉燃气罐发生爆炸。贾国宇面部、双手被烧伤，当即被送往中国人民解放军第 262 医院治疗，诊断为“面部、双手背部深 2 度烧伤，烧伤面积 8%”。

贾国宇自 1995 年 3 月 8 日至 4 月 29 日共住院治疗 52 天，花费治疗费、营养品费用、护理费、交通费、残疾者生活自助具费等共计人民币 3 万多元。

为此，贾某诉至法院，要求 G 气雾剂公司、L 厨房用具厂和 C 餐厅共同赔偿医疗费、治疗辅助费、护理费、营养费、交通费、学习费用、部分丧失劳动能力的今后生活补助费、未来教育费、未来治疗费和精神损害赔偿金。

案例解析：

贾国宇案是我国法院支持产品责任造成的精神损害赔偿的第一案，消费者在使用商品和接受服务的过程中享有安全权，经营者应保证提供的商品和服务是安全的，而餐厅、卡式炉生产者、气罐生产者提供的商品和服务使得消费者在消费过程中遭受了人身和财产损害，消费者既可以向服务提供者主张权利，也可以向生产者主张权利，因此三被告都有义务对受害人的损失承担赔偿责任。

一、概述

（一）消费者的概念与特征

消费者是指为了满足个人生活消费的需要而购买、使用商品或接受服务的人。消费者具有以下法律特征：

1. 消费者的消费在性质上属于生活消费。消费者购买、使用商品和接受服务的目的是为了自身生活消费所需，既不是为生产，也不是商业投资。

2. 消费者消费的客体是商品和服务。消费客体涵盖的范围广泛，涉及人们的衣食住行、医疗、文化、教育、保险等生活消费所需要的各个方面的商品和服务。

3. 消费者的消费方式包括购买、使用商品和接受服务。在生活消费过程中，商品的购买者可以同时是该商品的使用者；也可以由购买者购买商品，然后供他人使用。

4. 消费者地位法定。消费者的地位是由法律确立的，受特定的消费者权益保护法律的保护。法律确认和保护消费者权益的目的是保护个体社会成员的合法权益在消费过程中不受经营者侵害。

（二）消费者权益保护

消费者权益指消费者依法享有的权利以及该权利受到保护时给消费者带来的应得利益。

与经营者对应的消费者是弱势群体，各国都通过专门的法律对其权益进行特别保护。广义的消费者权益保护法是指调整生活消费关系的所有法律、法规的整体，包括《中华人民共和国消费者权益保护法》《中华人民共和国反不正当竞争法》《中华人民共和国产品质量法》《中华人民共和国商标法》《中华人民共和国广告法》以及其他法律、法规中有关消费者权益保护的规范。

二、消费者的权利

世界上最早提出消费者权利的是美国总统约翰·肯尼迪。他在 1962 年 3 月 15 日向国会提出的“关于保护消费者利益的特别国情咨文”中，提出了消费者应享有的 4 项权利：(1) 获得商品的安全保障权；(2) 获得正确的商品信息资料权；(3) 对商品的自由选择权；(4) 提出消费者意见权。肯尼迪的“四权论”提出以后，逐渐为各国广泛认同并在实践中得到发展。

我国现行《消费者权益保护法》中规定的消费者权利包括保障安全权、真情知悉权、自主选择权、公平交易权、依法求偿权、依法结社权、受教育权、受尊重权、监督批评权等。

（一）安全权

安全权是指消费者在购买、使用商品和接受服务时享有人身、财产安全不受损害的权利。

安全权包括两方面内容：一是人身安全权，二是财产安全权。人身安全权在这里是指生命健康权不受损害，即享有保持身体各器官及其机能的完整以及生命不受危害的权利。财产安全权，是指消费者购买、使用的商品或接受的服务本身的安全，以及购买、使用的商品或接受服务之外的其他财产的安全。

（二）知情权

知情权是指消费者享有知悉其购买、使用的商品或者接受的服务的真实情况的权利。

随着经济的发展，特别是现代科学技术的广泛应用，新的消费品品种日益增多，消费者有权根据商品或者服务的不同情况，要求经营者提供商品的价格、产地、生产者、用途、性能、规格、等级、主要成分、生产日期、有效期限、检验合格证明、使用方法说明书、售后服务，以及服务的内容、规格、费用等有关情况。

（三）自主选择权

自主选择权是指消费者享有自主选择商品或者接受服务的权利。

消费者有权根据自己的消费愿望、兴趣、爱好和需要，自主地、充分地选择商品或者服务。消费者有权根据自己的意愿，自主选择经营者，自主选择商品品种或服务方式，自主决定是否购买商品或接受服务，自主选择商品或服务时，有权进行比较、鉴别和挑选。

（四）公平交易权

公平交易权是指消费者享有公平交易的权利。消费者的公平交易权主要表现在：一是有权获得公平交易条件，如有权获得质量保障、价格合理、计量正确等交易条件。二是有权拒绝经营者的强制交易行为，如强迫消费者购物或接受服务、强迫搭售等。

（五）求偿权

求偿权是指消费者享有依法获得赔偿的权利。消费者在购买、使用商品或接受服务时，既可能人身权受到侵害，也可能财产权受到侵害。人身权受到的侵害，包括生命健康权和人格方面的姓名权、名誉权、荣誉权等受到侵害。财产损害，包括财产上的直接损失和间接损失。对于消费者在购买、使用商品或接受服务时遭受的损失，消费者都享有求偿权。

享有求偿权的主体，是指因购买、使用商品或者接受服务的受害者。受害者包括购买商品为己所用的消费者、商品的使用者、服务接受者和在别人购买、使用商品或接受服务的过程中受到人身或财产损害的其他消费者。

（六）结社权

结社权是指消费者享有依法成立维护自身合法权益的社会团体的权利。消费者依法成立维护自身合法权益的社团组织有不可替代的重要作用。我国消费者社会团体主要是中国消费者协会和地方各级消费者协会。

（七）受教育权

消费者享有获得有关消费和消费者权益保护的知识的权利。消费者获得有关消费知识和消费者权益保护知识，有利于提高消费者在消费过程中的自我保护能力，而且也是实现消费者其他权利的重要条件。特别是获得消费者权益保护的知识，可以使消费者在合法权益受到侵害时，有效地寻求解决消费纠纷的途径，及时获得赔偿。

（八）受尊重权

受尊重权是指消费者在购买、使用商品和接受服务时，享有其人格尊严、民族风俗习惯得到尊重的权利，享有个人信息依法得到保护的权利。

随着信息化社会科技水平的发展和人们获取信息的便捷化，个人信息通过各种渠道泄露出去，现代快递物流业的发展使得消费者个人信息明示在个人物品上。消费者个人信息的泄露将会严重影响消费者的正常生活，2013 年修订的《消费者权益保护法》特别将个人信息保护权纳入消费者权利体系中，反映了时代的印记以及对消费者个人信息保护的重视。

（九）监督权

监督权是指消费者享有对商品和服务以及保护消费者权益工作进行监督的权利。监督的方式主要包括检举、控告、批评、建议。消费者有权检举、控告侵害消费者权益的行为，有权检举、控告消费者权益的保护工作者的违法失职行为，有权对保护消费者权益的工作提出批评、建议。

三、经营者的义务

（一）依法定或约定履行义务

经营者向消费者提供商品或者服务，应当依照法律、法规的规定履行义务。经营者和消费者有约定的，应当按照约定履行义务，但双方的约定不得违背法律、法规的规定。

经营者向消费者提供商品或者服务，应当恪守社会公德，诚信经营，保障消费者的合法权益；不得设定不公平、不合理的交易条件，不得强制交易。

（二）听取意见和接受监督

经营者应当听取消费者对其提供的商品或者服务的意见，即听取消费者意见的义务；经营者还应当接受消费者的监督和社会监督，即接受监督的义务。

（三）保障消费者人身和财产安全

与消费者的安全权相对应，经营者应当保证其提供的商品或者服务符合保障人身、财产安全的要求。对可能危及人身、财产安全的商品和服务，应当向消费者做出真实的说明和明确的警示，并说明和标明正确使用商品或者接受服务的方法以及防止危害发生的方法。

宾馆、商场、餐馆、银行、机场、车站、港口、影剧院等经营场所的经营者，应当对消费者尽到安全保障义务。

经营者发现其提供的商品或者服务存在缺陷，有危及人身、财产安全危险的，应当立即向有关行政部门报告和告知消费者，并采取停止销售、警示、召回、无害化处理、销毁、停止生产或者服务等措施。采取召回措施的，经营者应当承担消费者因商品被召回支出的必要费用。

（四）提供真实信息

经营者向消费者提供有关商品或者服务的质量、性能、用途、有效期限等信息，应当真实、全面，不得作虚假或者引人误解的宣传；经营者对消费者就其提供的商品或者服务的质量和使用方法等问题提出的询问，应当做出真实、明确的答复；经营者提供商品或者服务应当明码标价。

（五）标明真实名称和标志

经营者应当标明其真实名称和标记。租赁他人柜台或者场地的经营者，应当标明其真实名称和标记。

采用网络、电视、电话、邮购等方式提供商品或者服务的经营者，以及提供证券、保险、银行等金融服务的经营者，应当向消费者提供经营地址、联系方式、商品或者服务的数量和质量、价款或者费用、履行期限和方式、安全注意事项和风险警示、售后服务、民事责任等信息。

（六）出具相应的凭证和单据

经营者提供商品或者服务，应当按照国家有关规定或者商业惯例向消费者出具发票等购货凭证或者服务单据；消费者索要发票等购货凭证或者服务单据的，经营者必须出具。

（七）提供符合要求的商品或服务

经营者应当保证在正常使用商品或者接受服务的情况下其提供的商品或者服务应当具有的质量、性能、用途和有效期限；但消费者在购买该商品或者接受该服务前已经知道其存在瑕疵，且存在该瑕疵不违反法律强制性规定的除外。

经营者以广告、产品说明、实物样品或者其他方式表明商品或者服务的质量状况的，应当保证其提供的商品或者服务的实际质量与表明的质量状况相符。

经营者提供的机动车、计算机、电视机、电冰箱、空调器、洗衣机等耐用商品或者装饰装修等服务，消费者自接受商品或者服务之日起6个月内发现瑕疵、发生争议的，由经营者承担有关瑕疵的举证责任。

（八）履行“三包”义务

经营者应当承担“三包”义务，即包修、包换、包退。经营者提供的商品或者服务不符合质量要求的，消费者可以依照国家规定、当事人约定退货，或者要求经营者履行更换、修理等义务。没有国家规定和当事人约定的，消费者可以自收到商品之日起七日内退货；七日后符合法定解除合同条件的，消费者可以及时退货，不符合法定解除合同条件的，可以要求经营者履行更换、修理等义务。为履行“三包”义务而进行的退货、更换、修理，经营者应当承担运输等必要费用。

（九）不得从事不公平不合理的交易

经营者在经营活动中使用格式条款的，应当以显著方式提请消费者注意商品或者服务的数量和质量、价款或者费用、履行期限和方式、安全注意事项和风险警示、售后服务、民事责任等与消费者有重大利害关系的内容，并按照消费者的要求予以说明。

经营者不得以格式条款、通知、声明、店堂告示等方式，做出排除或者限制消费者权利、减轻或者免除经营者责任、加重消费者责任等对消费者不公平、不合理的规定，不得利用格式条款并借助技术手段强制交易。格式条款、通知、声明、店堂告示等含有前款所列内容的，其内容无效。

（十）不得侵犯消费者的人身权

经营者不得对消费者进行侮辱、诽谤，不得搜查消费者的身体及其携带的物品，不得侵犯消费者的人身自由。

经营者收集、使用消费者个人信息，应当遵循合法、正当、必要的原则，明示收集、使用信息的目的、方式和范围，并经消费者同意。经营者收集、使用消费者个人信息，应当公开其收集、使用规则，不得违反法律、法规的规定和双方的约定收集、使用信息。

经营者及其工作人员对收集的消费者个人信息必须严格保密，不得泄露、出售或者非法向他人提供。经营者应当采取技术措施和其他必要措施，确保信息安全，防止消费者个人信息泄露、丢失。在发生或者可能发生信息泄露、丢失的情况时，应当立即采取补救措施。

经营者未经消费者同意或者请求，或者消费者明确表示拒绝的，不得向其发送商业性信息。

四、消费者权益保护制度

保护消费者合法权益是国家立法、行政、司法机关的共同责任。国家保护消费者合法权益不受侵害，是《消费者权益保护法》所确立的一项基本制度。具体表现在：（1）立法保护。国家在制定有关消费者权益保护的法律、法规和政策时，应当听取消费者的意见和要求。（2）行政保护。各级人民政府应当加强领导，组织、协调、督促有关行政部门做好保护消费者合法权益的工作；各级人民政府尤其是各级工商行政部门和相关部门应当依照法律、法规的规定，在各自的职责范围内采取措施保护消费者合法权益。（3）司法保护。人民法院应当采取措施，方便消费者提起诉讼，对符合《中华人民共和国民事诉讼法》起诉条件的消费者权益争议必须受理并及时审理。

在消费者权益保护制度中，消费者组织非常重要。消费者组织是依法成立的、对购买商品和接受服务进行社会监督、保护消费者合法权益的社会团体。消费者组织的权利基础是依法享有的结社权，消费者组织是具有法人资格的社会团体。消费者组织主要是中国消费者协会、地方各级消费者协会。消费者协会通过履行其公益性职责来保护消费者合法权益，消费者协会职责范围包括：（1）向消费者提供消费信息和咨询服务，提高消费者维护自身合法权益的能力，引导文明、健康、节约资源和保护环境的消费方式；（2）参与制定有关消费者权益的法律、法规、规章和强制性标准；（3）参与有关行政部门对商品和服务的监督、检查；（4）就有关消费者合法权益的问题，向有关部门反映、查询，提出建议；（5）受理消费者的投诉，并对投诉事项进行调查、调解；（6）投诉事项涉及商品和服务质量问题的，可以委托具备资格的鉴定人鉴定，鉴定人应当告知鉴定意见；（7）就损害消费者合法权益的行为，支持受损害的消费者提起诉讼或者依照本法提起诉讼；（8）对损害消费者合法权益的行为，通过大众传播媒介予以揭露、批评。各级人民政府对消费者协会履行职责应当予以必要的经费等支持。消费者协会应当认真履行保护消费者合法权益的职责，听取消费者的意见和建议，接受社会监督。依法成立的其他消费者组织依照法律、法规及其章程的规定，开展保护消费者合法权益的活动。

消费者组织不得从事商品经营和营利性服务，不得以收取费用或者其他牟取利益的方式向消费者推荐商品和服务。消费者组织在履行上述各项职能时，不得从事商品经营和营利性服务，不得以牟利为目的向社会推荐商品和服务。

五、消费者权益争议的解决

（一）争议解决途径

根据《消费者权益保护法》规定，消费者和经营者发生消费者权益争议的，可以通过下列途径解决：

1. 与经营者协商和解；
2. 请求消费者协会或者依法成立的其他调解组织调解；
3. 向有关行政部门投诉；
4. 根据与经营者达成的仲裁协议提请仲裁机构仲裁；
5. 向人民法院提起诉讼。

（二）索赔对象

1. 消费者在购买、使用商品时，其合法权益受到损害的，可以向销售者要求赔偿。销售者赔偿后，属于生产者的责任或者属于向销售者提供商品的其他销售者的责任的，销售者有权向生产者或者其他销售者追偿。

2. 消费者或者其他受害人因商品缺陷造成人身、财产损害的，可以向销售者要求赔偿，也可以向生产者要求赔偿。属于生产者责任的，销售者赔偿后，有权向生产者追偿。属于销售者责任的，生产者赔偿后，有权向销售者追偿。

消费者在接受服务时，其合法权益受到损害的，可以向服务者要求赔偿。

3. 消费者在购买、使用商品或者接受服务时，其合法权益受到损害，因原企业分立、合并的，可以向变更后承受其权利义务的企业要求赔偿。

4. 使用他人营业执照的违法经营者提供商品或者服务，损害消费者合法权益的，消费者可以向其要求赔偿，也可以向营业执照的持有人要求赔偿。

5. 消费者在展销会、租赁柜台购买商品或者接受服务，其合法权益受到损害的，可以向销售者或者服务者要求赔偿。展销会结束或者柜台租赁期满后，也可以向展销会的举办者、柜台的出租者要求赔偿。展销会的举办者、柜台的出租者赔偿后，有权向销售者或者服务者追偿。

6. 消费者通过网络交易平台购买商品或者接受服务，其合法权益受到损害的，可以向销售者或者服务者要求赔偿。网络交易平台提供者不能提供销售者或者服务者的真实名称、地址和有效联系方式的，消费者也可以向网络交易平台提供者要求赔偿；网络交易平台提供者做出更有利于消费者的承诺的，应当履行承诺。网络交易平台提供者赔偿后，有权向销售者或者服务者追偿。

网络交易平台提供者明知或者应知销售者或者服务者利用其平台侵害消费者合法权益，未采取必要措施的，依法与该销售者或者服务者承担连带责任。

7. 消费者因经营者利用虚假广告或者其他虚假宣传方式提供商品或者服务，其合法权益受到损害的，可以向经营者要求赔偿。广告经营者、发布者发布虚假广告的，消费者可以请求行政主管部门予以惩处。广告经营者、发布者不能提供经营者的真实名称、地址和有效联系方式的，应当承担赔偿责任。

广告经营者、发布者设计、制作、发布关系消费者生命健康商品或者服务的虚假广告，造成消费者损害的，应当与提供该商品或者服务的经营者承担连带责任。

8. 社会团体或者其他组织、个人在关系消费者生命健康商品或者服务的虚假广告或者其他虚假宣传中向消费者推荐商品或者服务，造成消费者损害的，应当与提供该商品或者服务的经营者承担连带责任。

第二节　产品质量法

引例：

丁某于 2005 年 6 月从市场买回一只高压锅，一开始高压锅能正常使用，未有异常。2006 年 9 月 6 日，丁某做饭时，高压锅发生爆炸，锅盖飞起，煤气灶被损坏，天花板被冲裂，玻璃被震碎。发生事故后，丁某找高压锅的生产厂家某日用品厂要求赔偿。日用品厂提出，丁某是于 2005 年买的锅，已经过去一年多了，早已过了规定的保修期，因此对发生的损害不负责任。

案例解析：

《中华人民共和国产品质量法》（以下简称《产品质量法》）规定产品责任诉讼时效期间为 2 年，产品责任的 2 年诉讼时效从当事人知道或应当知道其权利受到损害时起计算，即因产品存在缺陷，造成人身伤害和财产损失后，受害人必须在 2 年的期限内向人民法院提起诉讼。《民法总则》（2017 年 10 月 1 日生效）规定的诉讼为 3 年。《产品质量法》是特别法，根据特别法优于普通法的原则，产品责任的诉讼时效应依《产品质量法》的规定。因产品存在缺陷造成损害要求赔偿的请求权，在造成损害的缺陷产品交付最初用户、消费者满 10 年丧失。

本案中，丁某购买的高压锅虽然超过了保修期，但保修指的是经营者对产品一定时间内出现的质量问题免费修理，与产品的诉讼时效不是同一个问题。只要丁某知道或应当知道其权利受到损害是高压锅缺陷造成时起 2 年内，且在购买高压锅后 10 年内提出诉讼，他就有权从生产者那里获得赔偿。

一、产品与产品质量

（一）产品

产品是指凡与自然物相对的一切劳动生产物，是人类用生产资料对劳动对象加工、改造而成的物质成果，是人们和社会需要的物化体现。

在法律上，一般对产品多作狭义理解，并非任何产品都在产品责任法调整范围之内。在国际上，各国法律对承担产品责任的产品都进行了一定的限制。《欧共体产品责任指令》规定，产品是指初级农产品和狩猎物以外的所有动产，即使已被组合在另一动产或不动产之内。英国 1987 年颁布的《消费者保护法令》规定，产品是指任何可移动的有形物品、电及组装于其他物品内的部件及原材料。美国 1979 年《统一产品责任示范法》规定，任何具有内在价值，能够整体或部分转让，用于贸易或商业销售的物品，但人体组织、器官、血液组成成分除外。目前，国际上对产品责任法的调整范围有扩大化的倾向。

我国《产品质量法》的规定，产品是经过加工、制作，用于销售的产品。根据这一规定，产品应具有以下特征：1. 产品必须经过劳动者的加工、制作；2. 产品应当投入流通，并以销售为目的。

根据该项规定，初级农产品（指种植业、畜牧业、渔业产品等，例如小麦、鱼等）及未经加工的天然形成的产品（如石油、原煤、天然气等）不适用《产品质量法》的规定；或虽然经过加工、制作，但不用于销售的产品，纯为科学研究或为自己使用而加工、制作的产品，不属于该法调整的范围。

另外，根据《产品质量法》规定，建设工程以及军工产品都不适用该法规定。但建设工使用的建筑材料、建筑构配件和设备，适用该法的规定。

（二）产品质量

产品质量是指产品在正常的使用条件下，为满足合理的使用要求所必须具备的物质、技术、心理和社会特征的总和，产品质量一般应具备满足需要的功能性、安全性、可靠性、耐用性、经济性、可维修性等性能。

产品质量一般是指产品满足人们需要的各种特征的总和，从法律角度来看，产品质量表现为国家通过法律、法规、质量标准等规定的或合同约定的产品所应当具有的特性。依据现行《产品质量法》第 26 条第 2 款的规定，产品质量应当符合下列要求：不存在危及人体健康，人身、财产安全的不合理危险，有保障人体健康和人身、财产安全的国家标准、行业标准的，应当符合该标准；具备产品应当具备的使用性能，但是，对产品存在使用性能的瑕疵做出说明的除外；符合在产品或其包装上注明采用的产品标准，符合以产品说明、实物样品等方式表明的质量状况。

二、产品质量法

（一）产品质量法的概念

我国的产品质量法是调整在生产、流通以及监督管理过程中，因产品质量而发生的各种经济关系的法律规范的总称。中国产品质量法体系由《产品质量法》和其他单行法或单行法中有关内容的法律规范组成，包括《中华人民共和国计量法》《中华人民共和国标准化法》《中华人民共和国食品卫生法》《中华人民共和国药品管理法》《工业产品质量责任条例》《中华人民共和国产品质量认证管理条例》等专门法和《民法通则》《合同法》《消费者权益保护法》中有关产品质量的相关规定。

1993 年 2 月 22 日第七届全国人民代表大会常务委员会第三十次会议通过了《中华人民共和国产品质量法》（以下简称《产品质量法》），经 2000 年 7 月 8 日和 2009 年 8 月 27 日两次修订。

（二）产品质量法的特征和主要内容

中国产品质量法是经济法的一个重要组成部分，是一部综合性的法律规范。它调整的社会关系非常广泛，不同于国际上仅仅调整平等民事主体之间产品责任关系的产品责任法。它把产品质量的监督管理和产品责任合二为一，其立法宗旨是加强对产品质量的监督管理，提高产品质量水平，明确产品质量责任，保护消费者的合法权益，维护社会经济秩序，体现了国家干预市场的经济法精神。中国产品质量法主要调整两大类社会关系：

1. 在国家对企业的产品质量进行监督管理过程中产生的产品质量监督管理关系；

2. 产品的生产者、销售者与产品的用户和消费者之间因产品缺陷或瑕疵而产生的产品质量责任关系。

产品质量法所调整的社会关系决定了产品质量法具有以下特点：

1. 产品质量法的法律规范具有多样性；

2. 技术性法律规范在产品质量法律规范中占有重要地位；

3. 行政规章在产品质量法的贯彻实施中具有重要意义。

（三）产品质量法的基本原则

1. 有限范围原则。《产品质量法》主要调整实物产品在生产、销售活动以及对其实施监督管理过程中所发生的权利、义务、责任关系。以精神内容为主要表现形式的知识产权等内容的产品，一般不受《产品质量法》调整。《产品质量法》重点解决的是产品质量责任问题，它完善了我国产品责任的民事赔偿制度。

2. 统一立法和区别管理原则。国家要对涉及人体健康和人身、财产安全的产品，实行必要的强制管理，其他产品主要是依靠市场竞争机制和企业自我约束的机制，促使企业保证产品质量。

3. 事先保证与事后监督检查相结合的原则。产品质量法规范企业生产和销售行为，保证生产的产品不得存在危及人体健康和人身、财产安全的不合理的危险，符合相应标准的要求；同时，产品质量法要求国家加强对市场流通领域的产品质量进行监督检查，建立起运用市场规则抵制伪劣产品的运行机制。

4. 贯彻奖优罚劣的原则。国家一方面采取鼓励措施，对质量管理的先进企业和达到国际先进水平的产品给予奖励；另一方面，要采取严厉措施，惩处生产、销售假冒伪劣产品的违法行为。

三、产品质量监督管理制度

（一）产品质量管理机构

我国产品质量管理分为国务院和县级以上地方政府两级管理机构。国务院产品质量监督部门（国家质量监督检验检疫总局）主管全国产品质量监督工作，国务院有关部门（包括国家工商行政管理总局、国家食品药品监督管理总局等）在各自职责范围内负责产品质量监督工作。县级以上地方产品质量监督部门主管本行政区域内的产品质量监督工作，县级以上地方人民政府有关部门在各自的职责范围内负责产品质量监督工作。

国务院产品质量监督部门及县级以上地方产品质量监督部门分别主管全国和地方本行政区域内的产品质量监督工作。国务院产品质量监督部门是国家质量监督检验检疫总局，县级以上地方产品质量监督部门是各省、自治区、直辖市人民政府的产品质量监督部门，以及在实行省以下质量技术监督系统垂直管理后，作为省级人民政府产品质量监督部门直属机构的设在市、县一级的产品质量监督部门。

国家质量监督检验检疫总局的主要职责是：

1. 负责质量监督检验检疫工作，拟订提高国家质量水平的发展战略及有关政策并组织实施，起草有关质量监督检验检疫方面的法律法规草案及制定部门规章，负责与质量监督检验检疫有关的技术规范工作。

2. 承担产品质量诚信体系建设责任，负责质量宏观管理工作，拟订并组织实施国家质量振兴纲要，推进名牌发展战略，会同有关部门组织实施重大工程设备质量监理制度，组织重大产品质量事故调查，实施缺陷产品和不安全食品召回制度，监督管理产品防伪工作。

3. 负责产品质量安全监督工作，管理产品质量安全强制检验、风险监控、国家监督抽查、国家免检工作，负责工业产品生产许可证管理和纤维质量监督检验工作，监督管理产品质量安全仲裁检验、鉴定，组织开展产品质量安全专项整治工作，依法查处产品质量违法行为，按分工打击假冒伪劣违法活动。根据国务院授权，组织协调全国有关专项打假活动。

4. 负责统一管理计量工作，推行法定计量单位和国家计量制度，依法管理计量器具及量值传递和比对工作，负责规范与监督商品量和市场计量行为。

5. 组织制定出入境检验检疫商品目录，综合协调、管理出入境检验检疫业务，依法负责原产地证的签证管理。

6. 承担出入境卫生检疫、进出境动植物及其产品检验检疫责任，收集分析境外疫情，负责口岸突发公共卫生等应急事件的有关工作。

7. 负责进出口商品法定检验及监督管理，监督管理进出口商品鉴定和国家实行许可制度的进出口商品验证工作，负责出入境检验检疫标志标识管理、进口安全质量许可、出口质量许可工作。

8. 承担国内食品、食品相关产品生产加工环节的质量安全监督管理责任，负责进出口食品的安全、卫生、质量监督检验和监督管理，依法管理进出口食品生产、加工单位的卫生注册登记以及出口企业对外推荐工作。

9. 承担综合管理特种设备安全监察、监督工作的责任，监督检查高耗能特种设备节能标准的执行情况。

10. 组织开展质量监督检验检疫的国际合作与交流，代表国家参加有关国际组织，签署并执行有关国际合作协定、协议和议定书，按规定承担《技术性贸易壁垒协定》和《实施卫生与植物卫生措施协定》的实施、国家通报、咨询和国内协调工作。

11. 制定并组织实施质量监督检验检疫的科技发展和技术机构建设规划，组织重大科研和技术引进工作。

12. 垂直管理出入境检验检疫机构，领导全国质量技术监督业务工作。

13. 承办国务院交办的其他事项。

（二）产品质量监督制度

1. 产品质量合格与安全制度

产品质量应当检验合格，不得以不合格产品冒充合格产品。对于可能危及人体健康和人身、财产安全的工业产品，必须符合保障人体健康和人身、财产安全的国家标准、行业标准；未制定国家标准、行业标准的，必须符合保障人体健康和人身、财产安全的要求。禁止生产、销售不符合保障人体健康和人身、财产安全的标准与要求的工业产品。

生产者、销售者应当建立健全内部产品质量管理制度，严格实施岗位质量规范、质量责任以及相应的考核办法。国家鼓励推行科学的质量管理方法，采用先进的科学技术，鼓励企业产品质量达到并且超过行业标准、国家标准和国际标准。

2. 企业质量体系认证制度

国家根据国际通用的质量管理标准，推行企业质量体系认证制度。企业根据自愿原则可以向国务院产品质量监督部门认可的或者国务院产品质量监督部门授权的部门认可的认证机构申请企业质量体系认证。经认证合格的，由认证机构颁发企业质量体系认证证书。

3. 产品质量认证制度

国家参照国际先进的产品标准和技术要求，推行产品质量认证制度。企业根据自愿原则可以向国务院产品质量监督部门认可的或者国务院产品质量监督部门授权的部门认可的认证机构申请产品质量认证。经认证合格的，由认证机构颁发产品质量认证证书，准许企业在产品或者其包装上使用产品质量认证标志。

我国的产品认证制度是遵循国际通用准则建立的强制性产品认证和自愿性产品认证相结合的制度。产品质量认证分为安全认证和合格认证，中国强制性产品认证简称 CCC 认证（China Compulsory Certification）或 3C 认证，它是中国政府为保护消费者人身安全和国家安全、加强产品质量管理、依照法律法规实施的一种产品合格评定制度。

我国强制性产品认证制度是以《产品质量法》《中华人民共和国进出口商品检验法》和《中华人民共和国标准化法》等法规为基础建立的，并在《中华人民共和国认证认可条例》中正式给予法制化。采用的方式是国际通行的产品质量认证的方式，通过强制性产品认证的产品目录和实施强制性产品认证程序，对列入“目录”中的产品实施强制性的检测和审核。凡列入强制性产品认证目录内的产品，没有获得指定机构的认证证书，没有按照规定加施认证标志，一律不得进口，不得出厂销售或由经营服务机构使用。

列入《实施强制性产品认证的产品目录》中的产品包括家用电器、汽车、安全玻璃、医疗器械、电线电缆、玩具等产品。

4. 产品质量监督检查制度

国家对产品质量实行以抽查为主要方式的监督检查制度，对可能危及人体健康和人身、财产安全的产品，影响国计民生的重要工业产品以及消费者、有关组织反映有质量问题的产品进行抽查。抽查的样品应当在市场上或者企业成品仓库内的待销产品中随机抽取。监督抽查工作由国务院产品质量监督部门规划和组织。县级以上地方产品质量监督部门在本行政区域内也可以组织监督抽查。法律对产品质量的监督检查另有规定的，依照有关法律的规定执行。

国家监督抽查的产品，地方不得另行重复抽查；上级监督抽查的产品，下级不得另行重复抽查。

根据监督抽查的需要，可以对产品进行检验。检验抽取样品的数量不得超过检验的合理需要，并不得向被检查人收取检验费用。监督抽查所需检验费用按照国务院规定列支。

生产者、销售者对抽查检验的结果有异议的，可以自收到检验结果之日起 15 日内向实施监督抽查的产品质量监督部门或者其上级产品质量监督部门申请复检，由受理复检的产品质量监督部门做出复检结论。

对依法进行的产品质量监督检查，生产者、销售者不得拒绝。

县级以上产品质量监督部门根据已经取得的违法嫌疑证据或者举报，对涉嫌违反本法规定的行为进行查处时，可以行使下列职权：

（1）对当事人涉嫌从事违反本法的生产、销售活动的场所实施现场检查；

（2）向当事人的法定代表人、主要负责人和其他有关人员调查、了解与涉嫌从事违反本法的生产、销售活动有关的情况；

（3）查阅、复制当事人有关的合同、发票、账簿以及其他有关资料；

（4）对有根据认为不符合保障人体健康和人身、财产安全的国家标准、行业标准的产品或者有其他严重质量问题的产品，以及直接用于生产、销售该项产品的原辅材料、包装物、生产工具，予以查封或者扣押。

县级以上工商行政管理部门按照国务院规定的职责范围，对涉嫌违反本法规定的行为进行查处时，可以行使前款规定的职权。

5. 产品质量社会监督制度

消费者有权就产品质量问题，向产品的生产者、销售者查询；向产品质量监督部门、工商行政管理部门及有关部门申诉，接受申诉的部门应当负责处理。

保护消费者权益的社会组织可以就消费者反映的产品质量问题建议有关部门负责处理，支持消费者对因产品质量造成的损害向人民法院起诉。

国务院和省、自治区、直辖市人民政府的产品质量监督部门应当定期发布其监督抽查的产品的质量状况公告。

四、生产者、销售者的产品质量责任和义务

（一）生产者的产品质量责任和义务

1. 生产者应当对其生产的产品质量负责。产品质量应当符合下列要求：

（1）不存在危及人身、财产安全的不合理的危险，有保障人体健康和人身、财产安全的国家标准、行业标准的，应当符合该标准；

（2）具备产品应当具备的使用性能，但是，对产品存在使用性能的瑕疵做出说明的除外；

（3）符合在产品或者其包装上注明采用的产品标准，符合以产品说明、实物样品等方式表明的质量状况。

2. 生产者生产的产品或者其包装上的标识必须真实，并符合下列要求：

（1）有产品质量检验合格证明。

（2）有中文标明的产品名称、生产厂厂名和厂址。

（3）根据产品的特点和使用要求，需要标明产品规格、等级、所含主要成分的名称和含量的，用中文相应予以标明；需要事先让消费者知晓的，应当在外包装上标明，或者预先向消费者提供有关资料。

（4）限期使用的产品，应当在显著位置清晰地标明生产日期和安全使用期或者失效日期。

（5）使用不当，容易造成产品本身损坏或者可能危及人身、财产安全的产品，应当有警示标志或者中文警示说明。

裸装的食品和其他根据产品的特点难以附加标识的裸装产品，可以不附加产品标识。

易碎、易燃、易爆、有毒、有腐蚀性、有放射性等危险物品以及储运中不能倒置和其他

有特殊要求的产品，其包装质量必须符合相应要求，依照国家有关规定做出警示标志或者中文警示说明，标明储运注意事项。

3. 生产者生产产品的禁止性规定：

（1）生产者不得生产国家明令淘汰的产品。

（2）生产者不得伪造产地，不得伪造或者冒用他人的厂名、厂址。

（3）生产者不得伪造或者冒用认证标志等质量标志。

（4）生产者生产产品，不得掺杂、掺假，不得以假充真、以次充好，不得以不合格产品冒充合格产品。

（二）销售者的产品质量责任和义务

1. 销售者应当建立并执行进货检查验收制度，验明产品合格证明和其他标识。

2. 销售者应当采取措施，保持销售产品的质量。

3. 销售者不得销售国家明令淘汰并停止销售的产品和失效、变质的产品。

4. 销售者销售的产品或者其包装上的标识必须真实，并符合下列要求：

（1）有产品质量检验合格证明。

（2）有中文标明的产品名称、生产厂厂名和厂址。

（3）根据产品的特点和使用要求，需要标明产品规格、等级、所含主要成分的名称和含量的，用中文相应予以标明；需要事先让消费者知晓的，应当在外包装上标明，或者预先向消费者提供有关资料。

（4）限期使用的产品，应当在显著位置清晰地标明生产日期和安全使用期或者失效日期。

（5）使用不当，容易造成产品本身损坏或者可能危及人身、财产安全的产品，应当有警示标志或者中文警示说明。

裸装的食品和其他根据产品的特点难以附加标识的裸装产品，可以不附加产品标识。

5. 销售者不得伪造产地，不得伪造或者冒用他人的厂名、厂址。

6. 销售者不得伪造或者冒用认证标志等质量标志。

7. 销售者销售产品，不得掺杂、掺假，不得以假充真、以次充好，不得以不合格产品冒充合格产品。

五、产品质量责任

（一）概述

产品质量责任是指产品的生产者、经营者及其他责任人因违反《产品质量法》所应承担的法律责任，其责任形式包括民事责任、行政责任和刑事责任。其他责任人指在产品生产和销售过程中对产品质量或产品质量的鉴定造成影响的主体，包括运输者、保管者、产品质量检验、认证机构，产品质量监督检查机构等。对产品质量责任的调整，我国主要以《产品质量法》为中心，以《消费者权益保护法》《中华人民共和国侵权责任法》为补充。

（二）民事责任

产品质量民事责任可分为产品缺陷责任和产品瑕疵责任。产品缺陷责任又称为产品责任，指因产品存在缺陷造成人身、缺陷产品以外的其他财产损害的，产品的生产者和经营者应承担的赔偿责任。产品瑕疵责任指产品生产者或经营者提供的产品质量不符合法律规定或当事人约定，因此而应承担的民事责任。

1. 产品缺陷责任

（1）产品责任的特征及归责原则

产品责任在性质上是一种特殊的侵权责任，有以下特征：

①产品责任是直接由法律规定的责任，而不是当事人约定的责任；

②产品责任的承担者是产品的制造者或销售者。

根据我国《产品质量法》规定，生产者的产品责任归责原则是严格责任原则，而销售者承担产品责任的归责原则是过错推定责任原则。

受害人只需举出证据证明自己遭受的人身和财产损害是由于生产者生产的产品造成的，即可要求生产者承担赔偿责任，而无须考虑生产者或销售者是否存在主观过错。因此，经营者承担产品质量责任只需具备两个基本条件：即产品存在缺陷和产品缺陷于损害结果之间存在因果关系。

①产品存在缺陷。缺陷是指产品存在危及人身、他人财产安全的不合理的危险。产品有保障人体健康和人身、财产安全的国家标准、行业标准的，是指不符合该标准。产品缺陷包括设计缺陷、制造缺陷和指示缺陷。

②有损害事实。没有实际的人身、财产损害就不构成产品责任侵权，如果仅仅是产品质量低劣，或产品存在缺陷但是未造成损害，则消费者或产品的购买者只能依据《合同法》或《消费者权益保护法》维护自己的合法权益。

③产品缺陷与损害结果之间的关系。产品缺陷与损害结果之间的关系是指损害结果与产品缺陷有客观必然的联系，产品缺陷是引起用户或消费者财产和人身损害的原因，用户和消费者的损失是产品缺陷造成的结果。

由于销售者的过错使产品存在缺陷，造成人身、他人财产损害的，销售者应当承担赔偿责任。销售者不能指明缺陷产品的生产者也不能指明缺陷产品的供货者的，销售者应当承担赔偿责任。因产品存在缺陷造成人身、财产损害的受害人，即可以向产品的生产者要求赔偿，也可以向产品的销售者要求赔偿。属于产品的生产者的责任，产品的销售者赔偿的，产品的销售者有权向产品的生产者追偿。属于产品的销售者的责任，产品的生产者赔偿的，产品的生产者有权向产品的销售者追偿。

（2）产品责任的免责事由

产品存在缺陷造成人身、缺陷产品以外其他财产损害的，生产者应当承担赔偿责任。以下情况生产者可以免责：未将产品投入流通的；产品投入流通时，引起损害的缺陷尚不存在的；将产品投入流通时的科学技术水平尚不能发现缺陷的存在的。但是要由生产者举证。

2. 产品瑕疵责任

产品存在缺陷未造成消费者或其他人人身财产损害或者产品存在瑕疵的，销售者应当向消费者承担修理、更换、退货的责任。产品瑕疵责任的责任人为销售者，其承担责任的条件：不具备产品使用性能而事先未作说明的；不符合在产品或者其包装上注明采用的产品标准的；不符合以产品说明、实物样品等方式表明的产品质量状况的。

承担了责任的销售者，如果产生责任的缺陷系由生产者或其他供货者引起，可以行使追偿权。

（三）行政责任

承担产品质量行政责任的主体既包括经营者，又包括产品质量检验机构、认证机构和质量监督管理部门及其工作人员。

经营者生产或销售的产品不符合国家标准、行业标准或其产品标识上采用的标准，掺杂、掺假、以假充真、以次充好、以不合格产品冒充合格产品，伪造产地、伪造或者冒用他人厂名、厂址等，其应承担的行政责任包括被责令停止生产销售、警告、罚款、没收财物、没收违法所得、罚款、吊销营业执照等。

产品质量检验机构、认证机构伪造检验结果或者出具虚假、不实证明的，责令改正，处以罚款，并对直接负责的主管人员和其他直接责任人员处以罚款，处没收违法所得；情节严重的，取消其检验资格、认证资格。

产品质量监督部门在产品质量监督抽查中超过规定的数量索取样品或者向被检查人收取检验费用的，由上级产品质量监督部门或者监察机关责令退还；情节严重的，对直接负责的主管人员和其他直接责任人员依法给予行政处分。产品质量监督部门或者其他国家机关违反法律规定，向社会推荐生产者的产品或者以监制、监销等方式参与产品经营活动的，由其上级机关或者监察机关责令改正，消除影响，有违法收入的予以没收；情节严重的，对直接负责的主管人员和其他直接责任人员依法给予行政处分。

（四）刑事责任

生产者经营者生产、销售、运输、保管、仓储不符合保障人体健康和人身、财产安全的国家标准、行业标准的产品的，掺杂、掺假，以假充真，以次充好，或者以不合格产品冒充合格产品的，销售失效、变质的产品的，构成犯罪的，依法追究刑事责任。

产品质量检验机构、认证机构伪造检验结果或者出具虚假证明的，构成犯罪的，依法追究刑事责任。

各级人民政府工作人员和其他国家机关工作人员包庇、放纵产品生产、销售中违法行为，向其通风报信、帮助其逃避查处，阻挠、干预产品质量监督工作，构成犯罪的，依法追究刑事责任。

第十一章　劳动法

第一节　劳动法概述

引例：

小李托亲戚找朋友好不容易进了一家公司，当时没有签合同，进去后干的活很杂，工作岗位不固定，每个月领的工资也不一样。一年后，他多次与公司协商签订劳动合同，想把工作岗位、内容、工资等各方面固定下来，可公司总是以“我们需要的就是一个能干杂活的人”“公司效益不固定工资也不能固定”“如果不想干就另谋高就”等各种理由予以推托。结果，他干了一年多，合同也没签成。后来公司换了个老板，一上任就把他辞退了。根据案件分析：

公司这样做是否合理？请解释理由。

案例解析：

不合理。《中华人民共和国劳动法》（以下简称《劳动法》）规定，建立劳动关系应当订立劳动合同，但未规定法律责任方面的保障条款。为此，《中华人民共和国劳动合同法》（以下简称《劳动合同法》）第 82 条规定，用人单位自用工之日起超过一个月不满一年未与劳动者订立书面劳动合同的，应当向劳动者每月支付两倍的工资。用人单位自用工之日起满一年不与劳动者订立书面劳动合同的，视为用人单位与劳动者已订立无固定期限劳动合同。因此，依据《劳动合同法》的规定，小李的要求是合法合理的，而公司辞退他是违法的，因为公司实际上与他已经订立了无固定期限劳动合同。

一、劳动法的概念及调整对象

劳动法是调整劳动关系以及与劳动关系密切联系的其他社会关系的法律规范的总称。国家制定劳动法的目的在于通过法律手段来调整劳动关系以及与劳动关系有密切联系的其他关系，以保护劳动者的合法权益，确立和维护用人单位与劳动者之间稳定和谐的劳动关系，提高劳动生产率，促进经济发展和社会进步。其调整对象主要包括：

（一）劳动关系

劳动关系是指人们在从事劳动的过程中发生的社会关系。劳动法调整的劳动关系是狭义劳动关系，是指劳动者与用人单位之间为实现劳动过程而发生的劳动力与生产资料相结合的社会关系。劳动法调整的劳动关系有以下特性：

1. 劳动关系当事人一方固定为劳动者，另一方固定为用人单位。其中，劳动者在劳动过程中及其前后都是劳动力所有者，并在劳动过程中还是劳动力支出者；用人单位以占有生产资料作为其成为劳动力使用者的必要条件。

2. 劳动关系内容以劳动力所有权与使用权相分离为核心。一方面，劳动者将其劳动力使用权让渡给用人单位，由用人单位对劳动力进行分配和安排，以同其生产资料相结合；另一方面，劳动者仍然享有劳动力所有权，用人单位在使用劳动力的过程中应当为劳动者提供保障劳动力再生产所需的时间、物质、技术、学习等方面的条件，不得损害劳动力本身及其再生产机制，也不得侵犯劳动者转让劳动力使用权的自由和在劳动力被合法使用之外支配劳动力的自由。

3. 它是人身关系属性和财产关系属性结合的社会关系。劳动者向用人单位提供劳动力，实际上就是劳动者将其人身在一定限度内交给用人单位，以让渡劳动力使用权来换取生活资料，而用人单位要使用其劳动力创造物质财富，就必须向劳动者支付工资等物质待遇，这就是人身关系与财产关系的结合。

4. 它是平等性质与不平等性质兼有的社会关系。劳动者与用人单位之间通过相互选择和平等协商，以合同形式确立劳动关系，并可以通过协议来续延、变更、暂停、终止劳动关系，这表明劳动关系是一种平等关系。但是，劳动关系一经缔结，劳动者就成为用人单位的职工，用人单位就成为劳动力的支配者和劳动者的管理者，这使得劳动关系又具有隶属性。

5. 它是对抗性质与非对抗性质兼有的社会关系。劳动者与用人单位在利益目标上存在冲突，前者追求工资福利最大化，后者追求利润最大化，这在一定意义上是成本与利润的矛盾，这种对抗性非常明显；但是双方之间又是一种利益伙伴关系，彼此利益处于相互依存的状态。

（二）与劳动关系密切联系的其他关系

劳动法除调整劳动关系以外，它还调整与劳动关系有密切联系的其他关系，这些关系本身并不是劳动关系，但是与劳动关系有密切联系，有的是随着劳动关系而附带产生的关系，有的是发生劳动关系的前提，有的是劳动关系的直接后果。这些关系包括：

1. 处理劳动争议而发生的关系。如劳动仲裁机构、人民法院、劳动行政部门和工会组织由于调解、仲裁和审理劳动争议案件而产生的关系。

2. 执行社会保险方面的关系。如社会保险经办机构与企业、事业单位及职工因执行社保而发生的关系。

3. 监督劳动法令执行方面的关系。如劳动行政部门、卫生行政部门和工会组织在监督劳动活动中产生的关系。

4. 工会组织与企业、行政机关之间的关系。

5. 劳动管理方面发生的关系。如用人单位在劳动管理活动中与职工发生的关系。

这些与劳动关系相联系，在劳动过程中有极其重要的作用，为此将其列入劳动法调整范围。

二、劳动法律关系

劳动法律关系是指劳动者同企业、事业单位、机关团体和个体经营单位之间，依据劳动法律规范，在实现社会集体劳动过程中形成的权利义务关系。劳动关系是劳动法律关系的现实基础，劳动法律关系是劳动关系的法律形式，但并非所有的劳动关系都表现为劳动法律关系，只有纳入劳动法调整范围，并且符合法定模式的劳动关系，才得以表现为劳动法律关系。劳动法律关系的构成要素主要包括三方面：

（一）劳动法律关系主体

劳动法律关系主体是指在劳动法律关系中享有权利并承担义务的当事人。它包括劳动者和用人单位。劳动者包括具有劳动能力的我国公民和外国人、无国籍人；用人单位包括企业、事业单位、机关团体及个体经营单位。

1. 劳动者

劳动者作为劳动法律关系主体，必须具备一定的条件，即具有劳动权利能力和劳动行为能力。劳动权利能力是指依法享有劳动权利和承担劳动义务的资格或能力。劳动行为能力是指能以自己的行为依法行使劳动权利和履行劳动义务的能力。只有同时具有劳动权利能力和劳动行为能力，才能充当劳动法律关系的主体。劳动者的权利能力和行为能力具有如下特点：

（1）劳动者的劳动权利能力和劳动行为能力是统一的，是在公民年满16周岁时产生的，也就是说只有年满16周岁的公民（法律另有规定的从其规定）才能成为劳动法律关系主体，才能接受用人单位的雇佣，成为劳动者。

（2）劳动权利能力和劳动行为能力必须由劳动者本人来实现。劳动者只有直接参加到社会劳动中去，才能在劳动中实现自己的劳动权利能力和劳动行为能力，这又与劳动者本人的身体健康条件、技术水平、业务能力、就业条件等因素密不可分。

2. 用人单位

用人单位作为劳动法律关系的主体也必须具备一定的条件，即具备用人的权利能力和 行为能力。用人单位的权利能力是指法律赋予用人单位享有的用人的资格或能力。用人单位的行为能力是指用人单位依法行使招收录用劳动者、设立、变更、解除以及终止劳动关系的能力。随着企事业单位人事制度的改革，当前用人单位用人的权利能力和行为能力是一致的。

（二）劳动法律关系客体

劳动法律关系客体是指劳动法律关系主体双方权利义务共同指向的对象。劳动法律关系的主要客体是劳动者的劳动行为和劳动报酬，次要客体是劳动条件。

劳动行为可分为完成一定工作成果的行为和提供一定劳务活动的行为，完成一定工作成果的行为，又可分为生产物质形态工作成果的行为和非物质形态智力成果的行为。

劳动报酬是指劳动者因实施劳动行为而有权获得的、用人单位因支配劳动行为而有义务提供的待遇，具体包括工资、社会保险和福利等。

劳动条件是指生产过程中有关劳动者的安全、卫生和劳动强度等方面的条件，具体包括用人单位提供的各种劳动工具、劳动保护设施、技术资料等。

（三）劳动法律关系内容

劳动法律关系内容是指劳动法律关系主体依法享有的权利和承担的义务，它是劳动法律关系的核心。

第二节　劳动合同

引例：

王某于2006年10月9日与某电脑公司签订劳动合同，被聘为技术员，聘期两年。双方当事人在劳动合同中约定了竞业禁止：合同解除或终止后，王某三年内不得在本地区从事与该公司相同性质的工作，如违约，王某须一次性赔偿电脑公司经济损失10万元。因电脑公司拖欠王某2007年9月、10月两个月的工资，2007年11月15日，王某向区劳动争议仲裁委员会申请仲裁，要求：解除劳动合同；补发两个月工资，给付经济补偿金；确认劳动合同中的竞业禁止约定条款无效。该案件应当如何判决？

案例解析：

根据《劳动法》和《劳动合同法》等相关法律法规的规定，用人单位与劳动者应当按照劳动合同的约定，全面履行各自的义务。用人单位应当按照劳动合同约定和国家规定，向劳动者及时足额支付劳动报酬。在劳动者已履行劳动义务的情况下，用人单位未按劳动合同约定的数额、日期或方式支付劳动报酬的，劳动者可以与用人单位解除劳动合同，并且用人单位要按照劳动合同法规定的经济补偿金的支付标准向劳动者支付经济补偿金。在该案例中，用人单位没有按照劳动合同的约定，向劳动者按时足额支付劳动报酬，因此，劳动者有权解除劳动合同，要求用人单位支付所欠付的劳动报酬，并支付延期支付工资的经济补偿金。

一、劳动合同概述

（一）概念及形式

劳动合同又称为劳动契约、劳动协议，是指劳动者与用人单位之间为确立劳动关系，经过平等协商达成的明确双方权利和义务的书面协议，是确立劳动关系的法律形式。劳动合同有口头形式和书面形式之分，但是根据《劳动法》和《劳动合同法》的规定，劳动合同应为书面形式。

依据我国《劳动合同法》第 10 条第 2 款的规定，用人单位与劳动者未订立书面劳动合同，但已建立劳动关系的，应当自开始用工之日起 1 个月内与劳动者订立书面劳动合同。违反此项义务的法律后果，依据第 82 条的规定，用人单位自开始用工之日起超过 1 个月，即开始用工之日起满 1 个月的次日起，不满 1 年未与劳动者签订书面劳动合同的，应当向劳动者每月支付两倍工资。值得注意的是，用人单位补订书面劳动合同的义务并不因此免除。实践中，劳动者拒不补订书面劳动合同的，用人单位可以终止劳动关系。

（二）劳动合同的内容

劳动合同条款可分为法定条款和约定条款

1. 法定条款，又称必备条款，是指劳动法律规定，双方当事人签订劳动合同中必须具备的条款。《劳动合同法》第 17 条第 1 款规定，劳动合同应当具备以下条款：（1）用人单位的名称、住所和法定代表人或者主要负责人；（2）劳动者的姓名、住址和居民身份证或者其他有效身份证件号码；（3）劳动合同期限；（4）工作内容和工作地点；（5）工作时间和休息休假；（6）劳动报酬；（7）社会保险；（8）劳动保护、劳动条件和职业危害防护；（9）法律、法规规定应当纳入劳动合同的其他事项。

2. 约定条款是指劳动者与用人单位在必备条款之外，根据双方的具体情况，经过协商认为需要约定的条款。《劳动合同法》第 17 条第 2 款规定，劳动合同除前款规定的必备条款外，用人单位与劳动者可以约定试用期、培训、保守秘密、补充保险和福利待遇等其他事项。

（1）试用期条款

试用期是指包括在劳动合同期限内的，劳动关系还处于非正式状态，用人单位对劳动者是否合格进行考察，劳动者对用人单位是否适合自己要求进行了解期限。根据《劳动合同法》的相关规定，试用期应注意以下问题：

第一，劳动合同期限 3 个月以上不满 1 年的，试用期不得超过 1 个月；劳动合同期限 1

年以上不满 3 年的，试用期不得超过 2 个月；3 年以上固定期限和无固定期限的劳动合同，试用期不得超过 6 个月。

第二，同一用人单位与同一劳动者只能约定一次试用期。

第三，以完成一定工作任务为期限的劳动合同或者劳动合同期限不满 3 个月的，不得约定试用期。

第四，试用期包含在劳动合同期限内。劳动合同仅约定试用期的，试用期不成立，该期限为劳动合同期限。

第五，劳动者在试用期的工资不得低于本单位相同岗位最低档工资或者劳动合同约定工资的 80%，并不得低于用人单位所在地的最低工资标准。

（2）服务期条款

服务期是指当事人双方约定的，对劳动者有特殊约束力的，劳动者因获得特殊的劳动条件而应当与用人单位持续劳动关系的期限。根据《劳动合同法》第 22 条相关规定，服务期条款应注意以下问题：

第一，用人单位为劳动者提供专项培训费用，对其进行专业技术培训的，可以与该劳动者订立协议，约定服务期。

第二，劳动者违反服务期约定的，应当按照约定向用人单位支付违约金。违约金的数额不得超过用人单位提供的培训费用。用人单位要求劳动者支付的违约金不得超过服务期尚未履行部分所应分摊的培训费用。

第三，用人单位与劳动者约定服务期的，不影响按照正常的工资调整机制提高劳动者在服务期期间的劳动报酬。

（3）竞业限制条款

竞业限制条款是指约定禁止劳动者参与或者从事与用人单位同业竞争以保守用人单位商业秘密的合同条款，它包括对禁止同业竞争的期限、范围和补偿等内容。根据《劳动合同法》相关规定，竞业限制条款应注意：

第一，用人单位与劳动者可以在劳动合同中约定保守用人单位的商业秘密和与知识产权相关的保密事项。

第二，对负有保密义务的劳动者，用人单位可以在劳动合同或者保密协议中与劳动者约定竞业限制条款，并约定在解除或者终止劳动合同后，在竞业限制期限内按月给予劳动者经济补偿。劳动者违反竞业限制约定的，应当按照约定向用人单位支付违约金。

第三，竞业限制的人员限于用人单位的高级管理人员、高级技术人员和其他负有保密义务的人员。竞业限制的范围、地域、期限由用人单位与劳动者约定，竞业限制的约定不得违反法律、法规的规定。

第四，在解除或者终止劳动合同后，前款规定的人员到与本单位生产或者经营同类产品、从事同类业务的有竞争关系的其他用人单位，或者自己开业生产或者经营同类产品、从事同类业务的竞业限制期限，不得超过二年。

（三）劳动合同的期限

从期限上划分，劳动合同可分为：固定期限的劳动合同、无固定期限的劳动合同、以完成一定工作任务为期限的劳动合同。

1. 固定期限的劳动合同，又称定期劳动合同，是明确规定了合同有效期限并可依法延长期限的劳动合同。

2. 无固定期限的劳动合同，又称不定期劳动合同，它没有明确规定合同有效期限，劳动关系可以在劳动者的法定劳动年龄范围内和企业的存在期限内持续存在，只有在符合法定或约定条件的情况下，劳动关系才可终止。根据《劳动合同法》的相关内容，应注意以下问题：

（1）用人单位与劳动者协商一致，可以订立无固定期限劳动合同。有下列情形之一，劳动者提出或者同意续订、订立劳动合同的，除劳动者提出订立固定期限劳动合同外，应当订立无固定期限劳动合同：①劳动者在该用人单位连续工作满 10 年的；②用人单位初次实行劳动合同制度或者国有企业改制重新订立劳动合同时，劳动者在该用人单位连续工作满 10 年且距法定退休年龄不足 10 年的；③连续订立 2 次固定期限劳动合同，且劳动者没有《劳动合同法》第 39 条和第 40 条第 1 项、第 2 项规定的情形，续订劳动合同的。

（2）用人单位自用工之日起满 1 年不与劳动者订立书面劳动合同的，视为用人单位与劳动者已订立无固定期限劳动合同。

3. 以完成一定工作任务为期限的劳动合同，是把完成某项工作规定为合同终止条件的劳动合同，不存在合同延期的问题。

二、劳动合同的效力

（一）劳动合同的有效要件

1. 合同主体适格。这是指双方当事人都必须具备法定的主体资格，是劳动合同法适用范围内的劳动者和用人单位。

2. 意思表示真实。这是指缔约人的表示行为应真实地反映其内在真实意思，这里所追求的意思表示真实，重点在于劳动者的意思表示真实。

3. 合同内容合法。一般是指劳动合同内容符合法律、行政法规的要求，并且不违反社会公共利益、社会公德，还强调其内容符合劳动条件基准、集体合同和劳动规章制度的规定。

4. 合同形式合法。合同应当采用立法所要求的特定形式，即书面形式，并经用人单位与劳动者在合同文本上签字或者盖章。

5. 订立程序合法。一般对于劳动合同的订立没有程序性要求，但是如有特殊规定应遵循，如为控制外国人就业，对其劳动合同的订立，规定了审批程序。

（二）劳动合同无效

根据《劳动合同法》相关规定，劳动合同无效事由主要包括：

第一，以欺诈、胁迫的手段或者乘人之危，使对方在违背真实意思的情况下订立或者变更劳动合同的；

第二，用人单位免除自己的法定责任、排除劳动者权利的；

第三，违反法律、行政法规强制性规定的。

三、劳动合同的解除与终止

（一）劳动合同的解除

1. 双方协议解除

《劳动合同法》第 36 条规定，用人单位与劳动者协商一致，可以解除劳动合同。

2. 劳动者单方行使解除权

（1）预告解除。劳动者提前 30 日以书面形式通知用人单位，可以解除劳动合同。劳动者在试用期内提前 3 日通知用人单位，可以解除劳动合同。

（2）即时解除。用人单位有下列情形之一的，劳动者可以解除劳动合同：

①未按照劳动合同约定提供劳动保护或者劳动条件的；

②未及时足额支付劳动报酬的；

③未依法为劳动者缴纳社会保险费的；

④用人单位的规章制度违反法律、法规的规定，损害劳动者权益的；

⑤以欺诈、胁迫的手段或者乘人之危，使劳动者违背真实意思的情况下订立或者变更劳动合同致使劳动合同无效的；

⑥法律、行政法规规定劳动者可以解除劳动合同的其他情形。

（3）无须通知解除。用人单位以暴力、威胁或者非法限制人身自由的手段强迫劳动者劳动的，或者用人单位违章指挥、强令冒险作业危及劳动者人身安全的，劳动者可以立即解除劳动合同，无须事先告知用人单位。

3. 用人单位单方行使解除权

（1）即时解除。劳动者有下列情形之一的，用人单位可以解除劳动合同：

①在试用期间被证明不符合录用条件的；

②严重违反用人单位的规章制度的；

③严重失职，营私舞弊，给用人单位造成重大损害的；

④劳动者同时与其他用人单位建立劳动关系，对完成本单位的工作任务造成严重影响，或者经用人单位提出，拒不改正的；

⑤因《劳动合同法》第 26 条第 1 款第 1 项规定的情形致使劳动合同无效的；

⑥被依法追究刑事责任的。

（2）预告解除。有下列情形之一的，用人单位提前 30 日以书面形式通知劳动者本人或者额外支付劳动者一个月工资后，可以解除劳动合同：

①劳动者患病或者非因工负伤，在规定的医疗期满后不能从事原工作，也不能从事由用人单位另行安排的工作的；

②劳动者不能胜任工作，经过培训或者调整工作岗位，仍不能胜任工作的；

③劳动合同订立时所依据的客观情况发生重大变化，致使劳动合同无法履行，经用人单位与劳动者协商，未能就变更劳动合同内容达成协议的。

（3）经济性裁员。有下列情形之一，需要裁减人员 20 人以上或者裁减不足 20 人但占企业职工总数 10%以上的，用人单位提前 30 日向工会或者全体职工说明情况，听取工会或者职工的意见后，裁减人员方案经向劳动行政部门报告，可以裁减人员：

①依照企业破产法规定进行重整的；

②生产经营发生严重困难的；

③企业转产、重大技术革新或者经营方式调整，经变更劳动合同后，仍需裁减人员的；

④其他因劳动合同订立时所依据的客观经济情况发生重大变化，致使劳动合同无法履行的。

（4）不得解除劳动合同。劳动者有下列情形之一的，用人单位按照《劳动合同法》第 40

条、第 41 条的规定不得解除劳动合同：

①从事接触职业病危害作业的劳动者未进行离岗前职业健康检查，或者疑似职业病病人在诊断或者医学观察期间的；

②在本单位患职业病或者因工负伤并被确认丧失或者部分丧失劳动能力的；

③患病或者非因工负伤，在规定的医疗期内的；

④女职工在孕期、产期、哺乳期的；

⑤在本单位连续工作满 15 年，且距法定退休年龄不足 5 年的；

⑥法律、行政法规规定的其他情形。

（二）劳动合同的终止

根据《劳动合同法》第 44 条的规定，有下列情形之一的，劳动合同终止：1. 劳动合同期满的；2. 劳动者开始依法享受基本养老保险待遇的；3. 劳动者死亡，或者被人民法院宣告死亡或者宣告失踪的；4. 用人单位被依法宣告破产的；5. 用人单位被吊销营业执照、责令关闭、撤销或者用人单位决定提前解散的；6. 法律、行政法规规定的其他情形。

（三）经济补偿

1. 根据《劳动合同法》第 46 条的规定，有下列情形之一的，用人单位应当向劳动者支付经济补偿：

（1）用人单位向劳动者提出解除劳动合同并与劳动者协商一致的；

（2）法定允许劳动者单方面提出解除劳动合同的；

（3）用人单位依单方面行使解除权，预告解除劳动合同的；

（4）用人单位遇经济性裁员，要解除劳动合同的；

（5）固定期限劳动合同期满，除用人单位维持或者提高劳动合同约定条件续订劳动合同，劳动者不同意续订的情形的；

（6）因用人单位依法被宣告破产，或因用人单位被吊销营业执照、责令关闭、撤销或者用人单位决定提前解散而终止劳动合同的；

（7）法律、行政法规规定的其他情形。

2. 经济补偿的计算

根据《劳动合同法》第 47 条的规定，经济补偿按劳动者在本单位工作的年限，每满 1 年支付 1 个月工资的标准向劳动者支付。6 个月以上不满 1 年的，按 1 年计算；不满 6 个月的，向劳动者支付半个月工资的经济补偿。

劳动者月工资高于用人单位所在直辖市、省、自治区的市级人民政府公布的本地区上年度职工月平均工资 3 倍的，向其支付经济补偿的标准按职工月平均工资 3 倍的数额支付，向其支付经济补偿的年限最高不超过 12 年。

第三节　劳动基准

引例：

2010 年 9 月，某造纸厂从农村招收了一批工人（共 35 人），并签订了为期 2 年的劳动合同，合同约定工资 750 元。2011 年 1 月，工人们得知该地区最低工资标准为 860 元，要求企业加工资。企业认为，工人每月工资加上加班工资和伙食补贴超过了 860 元，已经超过了当地最低工资标准，于是造纸厂拒绝了工人们的要求，工人们为此向当地劳动争议仲裁委员会提出申诉。

1. 企业支付的工资是否符合国家规定？为什么？

2. 本案该如何处理？

案例解析：

1. 不符合国家规定。理由：因为工人的月工资低于当地的工资标准，与最低工资标准比较时，工人的加班工资、伙食补贴不应计算在内。

2. 本案应由当地人民政府劳动保障部门责令其限期改正，逾期未改正的，由劳动保障行政部门对其用人单位和责任者给予经济处罚，视其欠付工资时间长短向劳动者支付赔偿金。

劳动基准，即法定最低劳动标准，也是法定强制性标准，是指劳动者在劳动关系中所享有劳动条件的最低标准。

一、工作时间和休息休假

（一）工作时间

工作时间，又称劳动时间，是指法律规定的劳动者在一定时间内从事生产工作的小时数。工作时间分为：

1. 标准工时

我国的标准工作时间为，劳动者每周 5 个工作日，每个工作日 8 小时。

2. 缩短工时

缩短工时是指法律规定的少于标准工时的工作时间。主要适用于：

（1）从事矿山井下、高山、有毒有害、特别繁重或过度紧张等工作的劳动者；

（2）从事夜班工作的劳动者；

（3）未成年工；

（4）哺乳期内的女职工。

3. 延长工时

延长工时是指超过标准工时的工作时间，根据《劳动法》第 41 条的规定，用人单位由于生产经营需要，经与工会和劳动者协商后可以延长工作时间，一般每日不得超过 1 小时；因特殊原因需要延长工作时间的，在保障劳动者身体健康的条件下延长工作时间不得超过 3 小时，但每月不得超过 36 小时。

4. 不定时工时

不定时工时是指不受固定工作时数限制的工作时间。适用于工作性质和职责范围不宜受固定工作时间限制的劳动者，如企业中的高级管理人员、外勤人员、推销人员、部分值班人员。

（二）休息休假

1. 休息休假时间是指劳动者在国家规定的法定工作时间以外，不从事生产或工作而自行支配的时间。主要分为：

（1）工作日内间歇时间。这是指在工作日内给予劳动者休息和用膳的时间，一般为 1～2 小时，最少不得少于半小时。

（2）工作日间的休息时间。这是指两个邻近工作日之间的休息时间，一般不少于 16 小时。

（3）公休假日。又称周休息日，是指劳动者在 1 周内享有不少于 24 小时的连续休息时间。

（4）法定节假日。按照相关法律规定，我国法定节假日包括元旦、春节、国际劳动节、国庆节、清明节、端午节、中秋节等。

（5）带薪年假。这是指员工每年享受的连续休假时间，在年休假期间工资照付。劳动者连续工作 1 年以上的，享受带薪年假。

2. 加班加点的法律规定

（1）一般情况下的加班加点。用人单位由于生产经营需要，经与工会和劳动者协商后可以延长工作时间，一般每日不得超过 1 小时；因特殊原因需要延长工作时间的，在保障劳动者身体健康的条件下延长工作时间不得超过 3 小时，但每月不得超过 36 小时。

（2）根据《劳动法》第 42 条的规定，有下列情形之一的，延长工作时间不受《劳动法》第 41 条的限制：

①发生自然灾害、事故或者其他原因，威胁劳动者生命健康和财产安全，或使人民的安全健康和国家财产遭到严重威胁，需要紧急处理的；

②生产设备、交通运输线路、公共设施发生故障，影响生产和公共利益，必须及时抢修的；

③法律、行政法规规定的其他情形。

（3）加班加点的工资标准

根据《劳动法》第 44 条规定，有下列情形之一的，用人单位应当按照下列标准支付高于劳动者正常工作时间工资的工资报酬：

①安排劳动者延长劳动时间的，支付不低于工资的 150%的工资报酬；

②休息日安排劳动者工作又不能安排补休的，支付不低于工资的 200%的工资报酬；

③法定休假日安排劳动者工作的，支付不低于工资的 300%的工资报酬。

二、工资

（一）工资形式

工资形式主要有计时工资、计件工资、定额工资、浮动工资、奖金、津贴、特殊情况下的工资等形式。

（二）最低工资保障

最低工资是指劳动者在法定工作时间内提供正常劳动的前提下，用人单位应当支付的最低劳动报酬。根据国家有关规定，下列各项不得作为最低工资组成部分：加班加点工资；中班、夜班、高温、低温、井下、有毒有害等特殊工作环境条件下的津贴；国家法律、法规、政策规定的劳动保险、福利待遇等。

《劳动法》第 48 条规定，用人单位支付劳动者的工资不得低于当地最低工资标准。最低工资应以法定货币形式支付。

（三）工资支付保障

1. 一般规则

（1）工资应当以货币形式按月支付给劳动者本人，不得克扣或者无故拖延劳动者的工资。

（2）工资应在用人单位与劳动者约定的日期支付。

（3）劳动者在法定休假日和婚丧假期间以及依法参加社会活动期间，用人单位应当依法支付工资。

（4）工资应支付给劳动者本人，也可由劳动者家属或委托他人代领，用人单位可以委托银行代发工资。

2. 用人单位可以带扣的情形

（1）用人单位代扣代缴的个人所得税。

（2）用人单位代扣代缴的应由劳动者个人负担的各项社会保险的费用。

（3）法院判决、裁定中要求代扣的抚养费、赡养费。

（4）法律、法规规定可以从劳动者工资中扣除的其他费用。

三、劳动保护

劳动保护是指用人单位依法制定的具体防止劳动过程中的事故，减少职业危害的劳动安全卫生规则。

（一）女职工的特殊保护

1. 禁止女职工从事有害妇女健康的劳动。《劳动法》第 59 条规定，禁止安排女职工从事矿山井下、国家规定的第四级体力劳动强度的劳动和其他禁忌从事的劳动。

2. 对女职工四期（经期、孕期、产期、哺乳期）的保护。

3. 女职工劳动保护的其他措施，如建立女职工卫生室、孕妇休息室、哺乳室等。

（二）未成年工的特殊保护

1. 禁止安排未成年工从事有害未成年人健康成长的劳动。

2. 禁止安排未成年工延长工作时间和进行夜班工作。

3. 对未成年工进行定期健康检查。

4. 不得安排未成年工从事接触职业病危害的作业。

第四节　劳动争议

一、概述

劳动争议是指劳动双方当事人因实现劳动权利和履行劳动义务而发生的纠纷。我国目前处理劳动争议的机构如下：

1. 企业劳动争议仲裁委员会。企业劳动争议仲裁委员会是负责调解本企业内部劳动争议的群众性组织，调解委员会由职工代表、企业行政代表和企业工会委员会代表组成。

2. 地方劳动争议仲裁委员会。县、市、市辖区设立仲裁委员会，负责本行政区域内的劳动争议。

3. 地方人民法院。劳动争议当事人对仲裁委员会的裁决不服、进行起诉的案件，人民法院予以受理。

二、劳动争议的处理

（一）个人劳动争议的处理

根据《中华人民共和国劳动争议调解仲裁法》的规定，发生劳动争议，劳动者可以与用人单位协商，也可以请工会或者第三方共同与用人单位协商；当事人不愿协商、协商不成或者达成和解协议后不履行的，可以向调解组织申请调解；不愿调解、调解不成或者达成调解协议后不履行的，可以向劳动争议仲裁委员会申请仲裁；对仲裁裁决不服的，除本法另有规定的外，可以向人民法院提起诉讼。

（二）集体合同争议的处理

因签订集体合同发生争议，当事人协商解决不成的，当地人民政府劳动行政部门可以组织有关各方协调处理。因履行集体合同发生争议，当事人协商解决不成的，可以向劳动争议仲裁委员会申请仲裁；对仲裁不服的，可以自收到仲裁裁决书之日起 15 日内向人民法院提起诉讼。

三、仲裁程序

（一）时效

劳动争议申请仲裁的时效期间为 1 年，仲裁时效期间从当事人知道或者应当知道其权利被侵害之日起计算。 劳动关系存续期间因拖欠劳动报酬发生争议的，劳动者申请仲裁不受 1 年仲裁时效期间的限制；但是，劳动关系终止的，应当自劳动关系终止之日起 1 年内提出。

（二）申请

劳动争议仲裁委员会收到仲裁申请之日起 5 日内，认为符合受理条件的，应当受理，并通知申请人；认为不符合受理条件的，应当书面通知申请人不予受理，并说明理由。对劳动争议仲裁委员会不予受理或者逾期未做出决定的，申请人可以就该劳动争议事项向人民法院提起诉讼。

（三）受理

劳动争议仲裁委员会受理仲裁申请后，应当在 5 日内将仲裁申请书副本送达被申请人。被申请人收到仲裁申请书副本后，应当在 10 日内向劳动争议仲裁委员会提交答辩书。劳动争议仲裁委员会收到答辩书后，应当在 5 日内将答辩书副本送达申请人。被申请人未提交答辩书的，不影响仲裁程序的进行。

（四）审理

劳动争议仲裁委员会应当在受理仲裁申请之日起 5 日内将仲裁庭的组成情况书面通知当事人。仲裁庭裁决劳动争议案件，应当自劳动争议仲裁委员会受理仲裁申请之日起 45 日内结束。案情复杂需要延期的，经劳动争议仲裁委员会主任批准，可以延期并书面通知当事人，但是延长期限不得超过 15 日。逾期未做出仲裁裁决的，当事人可以就该劳动争议事项向人民法院提起诉讼。

当事人对劳动争议案件的仲裁裁决不服的，可以自收到仲裁裁决书之日起 15 日内向人民法院提起诉讼；期满不起诉的，裁决书发生法律效力。

第十二章　经济司法

引例：

四川省甲市A公司与云南省乙市B公司于2001年5月在丙市签订了一份买卖合同。合同中约定：B公司售给A公司高级云腿月饼2000盒，单价50元。A公司预付货款2万元，预付款支付后，由B公司派车将月饼运至甲市，运杂费由A公司负担。2001年6月，A公司的B公司所售月饼的包装盒上未印明“高级云腿月饼”字样，将严重影响销售为由，拒绝收货，拒付货款和运杂费，并且还要求B公司退回预付款和赔偿经济损失。双方各执己见，致使货物滞留甲市某露天货场。为了解决纠纷，B公司在乙市法院对A公司提起诉讼，并请求法院采取财产保全措施，以免月饼霉变。

1. 乙市法院对本案有无管辖权？为什么？

2. A公司可否以反诉的形式请求法院判令B公司退回预付款和赔偿损失？为什么？

3. 有管辖权的法院对原告提出的财产保全请求应如何处理？

案例解析：

1. 乙市法院对该案有管辖权。因为虽然本案是由乙市的B公司将货物送往甲市的A公司，但运费由A公司负担，即实际上是A公司提货。乙市作为提货地应当确定为合同的履行地。《中华人民共和国民事诉讼法》（以下简称《民事诉讼法》）规定，合同纠纷由合同履行地或者被告住所地人民法院管辖。

2. A公司可以以反诉的形式请求判令B公司退回预付款和赔偿损失。因为，作为本诉的A公司以本诉的原告B公司为被告，提出了与本诉有牵连的诉讼请求。受理本诉的人民法院可以将本诉和反诉一并受理。

3. 人民法院对原告提出的财产保全的请求应当受理，因情况紧急，应当在48小时内做出裁定，裁定采取保全措施的，立即执行。在采取保全时，由于被保全的标的是易变质的鲜活商品，人民法院可以采取拍卖或者变卖保存价金的方式进行保全。

经济司法是指人民法院、人民检察院依法对经济纠纷案件和经济犯罪案件进行审判和检察的活动。经济司法包括经济审判制度和经济检察制度两个方面。

一、经济审判制度

经济审判也称经济诉讼，是指人民法院在当事人和其他诉讼参与人的参加下，依法审理经济纠纷并做出裁判的诉讼活动。

（一）基本原则

经济诉讼的基本原则是指在民事诉讼的整个阶段起着指导作用的准则。经济诉讼的基本原则有共有原则与特有原则之分。

1. 共有原则

共有原则是指经济诉讼、民事诉讼、行政诉讼等诉讼法律共同奉行的原则，例如，审判权由法院行使原则；人民法院依法独立审判原则；以事实为根据，以法律为准绳原则；对当事人在适用法律上一律平等原则；检察院对法院审判活动进行监督的原则等。

2. 特有原则

特有原则是指由《民事诉讼法》规定的，专门适用于民事诉讼、经济诉讼的原则。经济诉讼的特有原则有5个，即诉讼权利平等原则、调解原则、辩论原则、处分原则和支持起诉原则。

（二）审判程序

经济审判程序适用《民事诉讼法》，除了审判的基本原则、当事人的诉讼权利和诉讼义务、调解、审判程序、执行程序等方面和民事审判程序基本相同以外，经济审判程序还有以下几个主要方面：

1. 管辖

（1）基层人民法院管辖第一审经济纠纷案件。

（2）因合同纠纷提起的诉讼，由被告住所地或者合同履行地人民法院管辖。合同的双方当事人可以在书面合同中协议选择被告住所地、合同履行地、合同签订地、原告住所地、标的物所在地人民法院管辖。

2. 审判组织

人民法院审理第一审经济纠纷案件，由审判员、陪审员共同组成合议庭或由审判员组成合议庭进行。合议庭成员的人数必须是单数。适用简易程序审理的经济纠纷案件，由审判员一个独任审理。人民法院审理第二审经济纠纷案件，由审判员组成合议庭，合议庭成员的人数必须是单数。

3. 诉讼参加人

（1）公民、法人和其他组织可以作为经济纠纷诉讼的当事人，法人由其法定代表人进行诉讼，其他组织由其主要负责人进行诉讼。当事人一方人数众多的共同诉讼，可以由当事人推选代表人进行诉讼。

对当事人双方的诉讼标的，第三人认为有独立请求权的，有权提起诉讼。对当事人双方的诉讼标的，第三人虽然没有独立请求权，但案件处理结果同他有法律上的利害关系的，他可以申请参加诉讼，或者由人民法院通知他参加诉讼。

（2）当事人可以委托一至二人作为诉讼代理人，律师和其他公民，经人民法院许可，都可以被委托为诉讼代理人。委托他人代为诉讼，必须由人民法院提交由委托人签名或者盖章的授权委托书。

4. 督促程序

债权人请求债务人给付金钱、有价证券，符合以下两个条件的，可以向有管辖权的基层人民法院申请支付令：一是债权人与债务人没有其他债务纠纷；二是支付令能够送达债务人的，申请书应写明请求给付金钱或者有价证券的数量和所依据的事实、证据。

5. 公示催告程序

按照规定可以背书转让的票据持有人，因票据被盗、遗失或者灭失，可以向票据支付地的基层人民法院申请公示催告，申请人应当向人民法院递交申请书，写明票面金额、发票人、持票人、背书人等票据主要内容和申请的理由、事实。人民法院决定受理申请，应当同时通知支付人停止支付，并在 3 日内发出公告，催促利害关系人申报权利。支付人收到人民法院停止支付的通知，应当停止支付，至公示催告程序终结。人民法院收到利害关系人的申报后，应当裁定终结公示催告程序，并通知申请人和支付人。申请人或者申报人可以向人民法院起诉，没有人申报的，人民法院应当根据申请人的申请，做出裁决，宣告票据无效，判决应当公告，并通知支付人。自判决公告之日起，申请人有权向支付人请求支付。

（三）制度

1. 回避制

回避制是指审判人员及其他相关人员，遇到法律规定的回避情形，退出对某一具体案件的审理或诉讼活动的制度。我国《民事诉讼法》规定，审判人员与书记员、翻译人员、鉴定人、勘验人有下列情形之一的必须回避，当事人有权用口头或者书面方式申请他们回避：第一，是本案当事人或者当事人、诉讼代理人的近亲属；第二，与本案有利害关系；第三，与本案当事人有其他关系，可能影响对案件公正审理。

2. 公开审判制度

公开审判是指人民法院审理经济案件，除合议庭评议外，依法向社会公开的制度。依法规定，不公开审理的案件只局限于涉及国家秘密的案件、涉及个人隐私的案件，当事人申请不公开审理的离婚案件和涉及商业秘密的案件。

3. 两审终审制度

两审终审是指一个经济案件经过两级法院审判就宣告终结的制度。

二、经济检察制度

经济检察是指人民检察院按照法律规定，对经济领域的犯罪活动进行检察，开展法律监督，行使检察权的活动。

（一）经济检察机关受案范围

主要包括贪污案；行贿、受贿案；偷税、抗税案；假冒商标案；挪用国家救灾、抢险、防汛、优抚、救济款物案；重大责任事故案；玩忽职守案；人民检察院认为需要自己直接受理的其他经济犯罪案件。

（二）经济检察办案程序

1. 立案受理：控告、自首、移送、交办和自己发现的违法犯罪材料。

2. 侦查：传唤、拘传、询问证人、勘验、检查、扣押物证、鉴定等。

3. 提起公诉：

（1）提起公诉，检察长或检查员以国家公诉人身份出庭支持公诉。

（2）对人民法院已经发生法律效力的判决、裁定，可提出抗诉，人民法院对抗诉案件应当再审，并通知人民检察院派员出庭。

第十三章　经济仲裁

引例：

2005 年 5 月东方公司和大海公司发生合同纠纷，双方当事人曾在合同中约定：如果在履行合同时发生纠纷，双方都有权申请仲裁委员会仲裁。于是，东方公司向该公司所在地 A 市的仲裁委员会申请仲裁，而大海公司则向公司所在地 B 市的人民法院起诉。A 市仲裁委员会受理了该案件，并做出了裁决。大海公司不服，遂以原仲裁协议无效为由向 A 市东区人民法院申请撤销裁决。东区法院认为双方的仲裁条款中没有明确规定具体的仲裁委员会，故该仲裁条款无效，裁定撤销仲裁裁决。

1. 仲裁委员会受理该案件是否正确？为什么？

2. A 市东区人民法院是否有权撤销该仲裁裁决？为什么？

3. 该仲裁裁决能否撤销？为什么？

案例解析：

1. 该仲裁条款没有约定仲裁委员会，双方当事人应当补充协议如果达成补充协议，仲裁委员会应当受理此案，不能通过诉讼解决；如果不能达成补充协议，仲裁委员会不应受理此案，只能通过诉讼解决。

2. 无权撤销该裁决。《中华人民共和国仲裁法》规定，当事人不服仲裁裁决的，应当向仲裁委员会所在地的中级人民法院申请撤销。而 A 市东区法院是基层人民法院，故无权撤销该裁决。

3. 如果双方当事人达成补充协议，则仲裁条款有效，该裁决不能撤销。但该案中双方当事人并未达成补充协议，故仲裁条款无效，裁决可以撤销。

一、经济仲裁概述

（一）经济仲裁的概念和特点

经济仲裁是指经济纠纷的双方当事人通过订立仲裁协议，将经济活动中发生的纠纷提交仲裁机构做出裁决，双方必须执行的一种纠纷解决的方法。为保证公正、及时的仲裁经济纠纷，保护当事人的利益，我国第八届全国人大常委会第九次会议于 1994 年 8 月 31 日通过了《中华人民共和国仲裁法》（以下简称《仲裁法》），自 1995 年 9 月 1 日起施行。

（二）经济仲裁的原则

1. 当事人协议和申请仲裁原则。当事人将他们之间发生的纠纷提交仲裁，以当事人自愿达成协议和申请为原则。没有仲裁协议的，一方申请仲裁的，仲裁机构不予受理；当事人达成仲裁协议，一方向人民法院起诉的，人民法院不予受理。当事人可以协议或申请选定仲裁机构。

2. 以事实为根据，以法律为准绳原则。《仲裁法》明确规定，仲裁应根据事实、法和法律规定，公平合理地解决纠纷和争议。仲裁机构必须全面、客观、深入、细致地查明案件当事人主体资格、案件全部经过、现状以及所提交的证据。在此基础上，准确运用法律，公正合理地解决经济纠纷。

3. 仲裁依法独立进行原则。《仲裁法》规定，仲裁组织依法独立进行仲裁，不受行政机关、社会团体和个人的干涉。这一规定说明两层含义：一是经济纠纷的仲裁权只能由仲裁庭行使，其他任何机构都无权行使，这一点正是现行仲裁制不同于过去“行政仲裁”之处；二是仲裁庭独立审理经济纠纷案例，审理过程中不受任何行政机关、社会团体和个人的干涉。

4. 双方当事人一律平等原则。这一原则有两方面含义：一是当事人双方在法律地位上完全平等，即在仲裁过程中，当事人双方有行使委托代理人、申请回避、提供证据、进行陈述和辩论等程序方面的权利；二是仲裁委员会在适用法律上一律平等，即在解决经济纠纷时，不能以权代法、徇私舞弊，损害一方当事人的合法权益。

5. 一裁终局原则。《仲裁法》规定，仲裁实行一裁终决的制度。裁决做出后，当事人就同一纠纷再申请仲裁或者向人民法院起诉的，仲裁委员会或者人民法院不予受理。但是，裁决被人民法院依法裁定撤销或者不予执行的，当事人就该纠纷可以根据双方重新达成的仲裁协议申请仲裁，也可以向人民法院起诉。

（三）经济仲裁的基本制度

1. 回避制度

仲裁回避制度是指在仲裁活动中，仲裁员以及其他可能影响案件公正裁决的有关人员，在遇有法律规定的特别情形时，退出某一案件的仲裁程序的制度。

2. 时效制度

时效制度是指权利人向仲裁机构请求保护其权利的法定期限，也即权利人在法定期限内没有行使权力，就丧失提请仲裁以保护其权益的权利。《仲裁法》第 74 条规定，法律对仲裁时效有规定的，适用该规定。法律对仲裁时效没有规定的，适用诉讼时效的规定。

二、仲裁委员会和仲裁协会

（一）仲裁委员会

我国规定的仲裁是机构仲裁，通过常设仲裁机构进行。仲裁机构是非营利性市场中介组织，以仲裁委员会形式出现。仲裁委员会可以在直辖市和省、自治区人民政府所在地的市设立，也可以根据需要在其他社区的市设立，不按行政区划层层设立。国务院根据需要可以批准设立专门的仲裁委员会，如国际经济贸易仲裁委员会、海事仲裁委员会。

设立仲裁委员会应当经省、自治区、直辖市的司法行政部门登记。设立仲裁委员会应当具备下列条件：有自己的名称、住所和章程；有必要的财产；有该委员会的组成人员；有聘任的仲裁员。

仲裁委员会由主任 2 人、副主任 2～4 人和委员 7～11 人组成。仲裁委员会的主任、副主任和委员由法律、经济贸易专家和有实际工作经验的人员担任。仲裁委员会的组成人员中法律、贸易专家不得少于 2/3。涉外仲裁委员会由主任 1 人、副主任若干人和委员若干人组成，其主任、副主任和委员可以由中国国际商会聘任。

（二）仲裁协议

1. 仲裁协议可以采取仲裁条款、专门仲裁协议和其他书面形式。

2. 仲裁协议的内容应包括请求仲裁的意思表示、具体的仲裁事项和选定的仲裁委员会。

3. 无效仲裁协议

仲裁协议无效的原因有：约定的仲裁事项超出法律规定的仲裁范围；无民事行为能力人或者限制民事行为能力人订立的仲裁协议；一方采取胁迫手段，迫使对方订立的仲裁协议；仲裁协议的内容不完整或达不成补充协议的。

三、仲裁程序

（一）仲裁的申请和受理

当事人申请仲裁必须符合下列条件：（1）当事人在合同中订立有仲裁条款或事后达成书面仲裁协议；（2）有明确的被诉人、具体的仲裁请求和事实、理由；（3）报请仲裁的事项属于法律允许仲裁委员会受理的范围。申请仲裁时，应当向双方约定的仲裁委员会递交仲裁协议、仲裁申请书以及副本。

（二）仲裁的受理

仲裁委员会收到仲裁申请书后，经审查认为符合申请仲裁条件的，应当在5日内受理，并通知当事人。仲裁委员受理仲裁申请后，应当在仲裁规则规定的期限内将仲裁规则、仲裁员名册送达申请人，并将仲裁申请书副本和仲裁规定，仲裁员名册送达申请人。被申请人收到后，应在仲裁规则规定的期限内向仲裁委员会提交答辩书。仲裁委员会收到答辩书以后，应在仲裁规则规定的期限内将答辩书副本送达申请人。被申请人未提交答辩书的，不影响仲裁程序的进行。

（三）仲裁庭的组成

仲裁委员会受理案件后，应当组成仲裁庭，仲裁庭可以由3名仲裁员或1名仲裁员组成。由3名仲裁员组成的，设首席仲裁员。当事人约定由3名仲裁员组成仲裁庭的，应当各自选定或各自委托仲裁委员会主任指定1名仲裁员。第3名仲裁员是首席仲裁员，由当事人共同选定或共同委托仲裁委员会主任指定。

当事人约定由1名仲裁员成立仲裁庭的，应当由当事人共同选定或共同委托仲裁委员会主任选定。当事人没有在仲裁规则规定的期限内约定仲裁庭的组成方式选定仲裁员的，由仲裁委员会主任指定。

（四）仲裁员的回避

仲裁庭组成后，仲裁委员会应将仲裁庭的组成情况书面通知当事人，当事人可依法对仲裁员提出回避申请。被选定或指定的仲裁员有下列情况之一的，应当予以回避：

1. 是本案的当事人或当事人、代理人的近亲属；
2. 与本案有利害关系；
3. 与本案当事人、代理人有其他关系，可能影响案件公正仲裁；
4. 私自会见当事人、代理人或接受当事人、代理人的请客送礼。

当事人提出回避申请，应当注明理由，在首次开庭前提出。回避事由在首次开庭后才知道，可以在最后一次开庭终结前提出。仲裁员是否回避，由仲裁委员会主任决定，仲裁委员会主任担任仲裁员时，由仲裁委员会整体决定。

（五）案件的审理程序

1. 开庭

仲裁庭在开庭前应通知当事人，以书面形式告之开庭地点、开庭时间，当事人应当按时参加。当事人有正当理由，可以在规定的期限内请求延期开庭。是否延期，由仲裁庭决定。申请人经书面通知。无正当理由不到庭或未经仲裁庭许可中途退庭的，视为撤回仲裁申请。被申请人经书面通知，无正当理由不到庭或未经仲裁庭许可中途退庭的，可以缺席解决。

仲裁以开庭和不公开为原则，当事人协议不开庭或者协议公开的，依协议的约定，但是对于涉及国家秘密的案件。当事人不得协议约定公开进行。

2. 调查取证

当事人应当对自己的主张提供证据，这是当事人的举证责任。仲裁庭认为有必要时，可以自行收集证据。证据可能灭失或以后难以取得时，当事人可以申请证据保全。

3. 辩论

当事人在仲裁过程中有权进行辩论。辩论终结时，首席仲裁员或者独任仲裁员应当征询当事人的最后意见。仲裁庭应当将开庭情况记入笔录。

4. 调解

当事人愿意在庭外自行和解的，仲裁庭应当允许。和解后双方可以请求仲裁庭制作调解书，也可以撤回仲裁申请。当事人也可以在仲裁庭的主持下进行调解，调解达成协议的，应当制作调解书。调解书经双方当事人签收后，即与裁决书有同等的法律效力。

5. 裁决

经仲裁庭调解未能达成协议，应当进行裁决。裁决应当按照多数仲裁员的意见做出，少数仲裁员的不同意见可以记入笔录。仲裁庭不能形成多数意见时，裁决应当按照首席仲裁员的意见做出。仲裁庭仲裁纠纷时，其中一部分事实已经清楚，可以就该部分先行裁决。裁决书自做出之日起发生法律效力。

四、申请撤销裁决和裁决的执行

（一）申请撤销裁决

当事人有证据证明裁决有下列情形之一的，可以向仲裁委员会所在地的中级人民法院申请撤诉仲裁裁决：没有仲裁协议；仲裁的事项不属于仲裁协议的范围或者仲裁委员会无权仲裁；仲裁庭的组成或者仲裁的程序违反法定程序；裁决所依据的证据是伪造的；对方当事人隐瞒了足以影响公正裁决的证据；仲裁员在仲裁该案时有索贿受贿、徇私舞弊、枉法裁决行为。

（二）裁决的执行

一方当事人在规定期限内不履行裁决的，另一方当事人有权请求人民法院强制执行，受申请人民法院应当根据民事诉讼法规定的执行程序予以执行。在执行中，双方当事人可以进行和解，达成和解协议；被执行人不履行和解协议的，人民法院可以根据申请执行人的申请，恢复执行程序。

一方当事人申请执行裁决，另一方当事人申请撤销裁决的，人民法院应当裁定中止执行。人民法院裁定撤销裁决的，应当裁定终结执行。撤销裁决的申请被裁定驳回的，人民法院应当裁定恢复执行。

参考教材

范建主编．商法（第四版）．北京：高等教育出版社、北京大学出版社，2011．

李昌麒主编．经济法学（第三版）．北京：法律出版社，2016．

范建，王建文著．破产法学．北京：法律出版社，2009．

马洪主编．经济法概论（第五版）．上海：上海财经大学出版社，2010．

於向平，邱艳，赵敏燕著．经济法理论与实务（第三版）．北京：北京大学出版社，2009．

史际春主编．经济法．北京：中国法制出版社，2008．

商立刚，朱臣，林忠主编．经济法．北京：中国传媒大学出版社，2011．

朱晔编著．经济法学．广州：暨南大学出版社，2008．

陈恩才主编．经济法．北京：人民邮电出版社，2012．

刘成高，张淑芳主编．经济法（第二版）．成都：西南财经大学出版社，2014．

王伯平主编．经济法．北京：清华大学出版社、北京交通大学出版社，2009．

王允高，张俊主编．经济法．北京：北京理工大学出版社，2013．

方赛迎，邓保国主编．经济法（第二版）．广州：暨南大学出版社，2014．

刘大洪主编．经济法．北京：机械工业出版社，2013．

王九云主编．经济法教程．北京：科学出版社，2007．

郭禾．商标法教程．北京：知识产权出版社，2004．

黄晖．商标法．北京：法律出版社，2004．

胡开忠．商标法学教程．北京：中国人民大学出版社，2008．

郑成思．知识产权论（第三版）．北京：法律出版社，2007．

吴汉东主编．知识产权法教学案例．北京：法律出版社，2005．

蒋坡主编．知识产权法案例教程出版社．北京：法律出版社，2006．

史尚宽．民法总论．北京：中国政法大学出版社，1997．

周林彬．物权法新论．北京：北京大学出版社，2002．

鞠齐．经济法．成都：四川大学出版社，2016．

殷菲菲，张敏，李克武．经济法教程．北京：北京大学出版社，2016．

冯栖孙．经济法概论．北京：北京工业大学出版社，2013．

成大会计辅导中心．经济法．北京：地震出版社，2015．

徐贵一．经济法案例研究．北京：法律出版社，2011．

杨紫烜．经济法．北京：北京大学出版社，2014．

魏振瀛．民法．北京：北京大学出版社，2013．

王全兴．劳动法．北京：法律出版社，2015．

姜俊禄．劳动法律师基础实务．北京：中国人民大学出版社，2014．

杨立新．中华人民共和国民法总则要义与案例解读．北京：中国法制出版社，2017．

参考法条

《中华人民共和国民法总则》(2017 年)
《中华人民共和国合同法》(1999 年)
《中华人民共和国劳动法》(2009 年修订)
《中华人民共和国劳动合同法》(2007 年)
《中华人民共和国公司法》(2013 年修订)
《最高人民法院关于适用〈中华人民共和国公司法〉若干问题的规定(一)》(2014 修订)
《最高人民法院关于适用〈中华人民共和国公司法〉若干问题的规定(二)》(2014 修正)
《最高人民法院关于适用〈中华人民共和国公司法〉若干问题的规定(三)》(2014 修正)
《中华人民共和国证券法》(2014 修订)
《中华人民共和国合伙企业法》(2006 修订)
《中华人民共和国企业破产法》(2006 年 8 月 27 日发布)
《中华人民共和国反垄断法》(2007 年 8 月 30 日发布)
《中华人民共和国反不正当竞争法》(2017 年修订草案)
《中华人民共和国反不正当竞争法》(1993 年发布)
《中华人民共和国消费者权益保护法》(2013 年修订)
《中华人民共和国产品质量法》(2009 年修订)
《中华人民共和国物权法》(2007 年)
《最高人民法院关于适用〈中华人民共和国物权法〉若干问题的解释(一)》
《德国民法典》第 1207 条
《瑞士民法典》第 884 条
《中华人民共和国专利法》(2008 年第三次修改)
《最高人民法院关于审理侵犯专利权纠纷案件应用法律若干问题的解释》(2015 年)
《最高人民法院关于审理侵犯专利权纠纷案件应用法律若干问题的解释(二)》(2016 年)
《最高人民法院关于审理专利纠纷案件适用法律问题的若干规定》(2015 年)
《最高人民法院关于对诉前停止侵犯专利权行为适用法律问题的若干规定》(2015 年)
《中华人民共和国商标法》(2013 年修订)
《中华人民共和国商标法实施条例》(2014 年)
《中华人民共和国民法总则》(2017 年修订)
《中华人民共和国民事诉讼法》(2012 年修订)
《最高人民法院关于适用〈中华人民共和国仲裁法〉若干问题的解释》(2015 年)
《中华人民共和国仲裁法》(1995 年)
《最高人民法院关于适用〈中华人民共和国仲裁法〉若干问题的解释》(2006 年修订)